토기장이

"우리는 진흙이요 주는 토기장이시니
우리는 다 주의 손으로 지으신 것이라"[이사야 64:8]

균형의 영성

Chasing God Serving Man
by Tommy Tenney

copyright ⓒ 2001 by Destiny Image
All rights reserved.
Published by Destiny Image
P.O. Box 310 Shippensburg, PA 17257-0310

Korean translation copyright ⓒ 2005 by Togijangi Publishing House
Togijangi B/D 3F, Mangwonro 26, Mapogu, Seoul 04007 Korea

This Korean edition is published by arrangement with Wen-Sheun Sung right
(P.O. Box 101014 D-42810 remscheid Germany)

본 저작물의 한국어판 저작권은 Wen-Sheun Sung right와의 독점 계약으로 한국어
판권을 '도서출판 토기장이'가 소유합니다. 저작권법에 의하여 한국 내에서 보호
를 받는 저작물이므로 무단 전재와 무단 복제를 금합니다.

특별한 표기가 없는 모든 성경 구절은 개역개정성경을 인용한 것입니다.

균형의 영성

토미 테니 지음 · 이상준 옮김

토기장이

안내위원과 중보기도자들에게, 간사와 찬양 인도자들에게 이 책을 바칩니다.

멀리 떨어져 있지만 사람을 섬기는 것에 대해 많은 것을 가르쳐 주었던 바트와 코럴리 피어스, 토미 바넷에게 이 책을 바칩니다.

하나님을 섬기는 것에 대해 많은 것을 가르쳐 주었던 에드 밀러, 빌리 코울, 톰 바네스에게 이 책을 바칩니다. 내가 영적으로 마리아의 예배와 마르다의 섬김 사이에서 혼란스러워할 때마다 이들은 내 삶에 균형을 잡아 주었습니다.

책이 탈고되기까지 신과 역할을 해준 빌리 조와 사론 도디리에게 이 책을 바칩니다.

섬기는 동안 기품을 잃지 않은 토마스 트래스크에게 이 책을 바칩니다. 글쓰기에 대한 나의 열정을 자극해 준 엘머 타운스에게 이 책을 바칩니다. 함께 길을 건너면서 배운 것이 많습니다. 당신을 존경합니다.

나의 사생활에서 균형감을 유지시켜 주는 데이빗과 니타, 브렌다와 로이드, 스테판과 셰리, 캐린과 티파니에게 이 책을 바칩니다.

균형이 곧 건강임을 내게 가르쳐 준 부모님, 그리고 사랑하는 아내 지니와 나의 세 딸에게 이 책을 바칩니다.

추천의 글

토미 테니의 책을 손에 들면 기대감으로 충만해진다. 그는 한 번도 나를 실망시킨 적이 없다. 이번에 그가 쓴 「균형의 영성」도 마찬가지다. 그는 복잡한 것은 단순하게, 어려운 것은 쉽게 풀어 준다. 그는 이해하기 어려운 것을 이해할 수 있도록 도와준다. 혼돈스러운 질문들에 대한 명쾌한 답을 준다. 그는 극단적인 길이 아니라 균형의 길로 우리를 이끌어 준다.

균형의 영성은 베다니에 살고 있던 마르다와 마리아에 관한 이야기다. 나는 이 책을 읽기까지 베다니의 아름다움을 몰랐다. 예수님은 고향인 베들레헴에서 배척을 당하셨다. 예수님은 예루살렘에서 죽임을 당하셨다. 그런데 예수님은 베다니 나사로 집에서 환영을 받으셨다. "인자는 머리 둘 곳이 없다"고 말씀하신 예수님이 베다니에서는 머리를 두시고 안식하셨다. 그 까닭은 베다니에 마르다와 마리아와 친구 나사로가 살고 있었기 때문이다.

저자는 예수님이 베다니를 자주 찾으셨던 까닭은 그곳에서 주님의 신성과 인성의 균형 잡힌 필요를 채우실 수 있었기 때문이라고 가르친다. 마리아는 예수님의 발 아래에서 말씀을 듣고 경배함으로 주님의 신성의 필요를 채워 드렸고, 마르다는 예수님을 음식으로 섬김으로 주님의 인성의 필요를 채워 드렸다.

저자는 예수님이 마리아만 사랑하신 것이 아니라 마르다도 사랑하셨다는 사실을 성경을 통해 찾아낸다요 11:5. 두 사람이 다를 뿐이지 틀린 것이 아님을 강조한다. 저자의 표현으로, 각 사람의 영적인 유전자가 다른 것이다. 균형은 다양성을 인정하는 것이다. 균형은 다양성 속에서의 조화를 의미한다. 저자가 강조하는 균형의 영성은 마리아와 마르다의 균형이다. 마리아는 예배의 영성에 탁월하다면 마르다는 섬김의 영성에 탁월하다. 두 사람의 영성은 서로 조화를 이루어야 하는 영성이다. 서로 균형을 이루어야 하는 영성이다. 마리아와 마르다의 조화는 하나님을 향한 열정passion과 인간을 향한 긍휼compassion의 조화다.

저자는 균형의 영성의 극치를 십자가에서 본다. 균형의 영성은 십자가의 영성이다. 예수님은 십자가의 중앙에서 운명하셨다. 십자가는 천상과 지상의 교차로다. 십자가는 치우침이 없는 균형의 극치다. 십자가는 하나님을 갈망하면서도 사람들을 섬기는 예수님의 완벽한 계획을 형상화한다. 십자가의 수직선은 하늘에 계신 하나님과 이 땅의 타락한 인간들 사이의 깊은 골을 메우신 주님의 완벽한 순종과 하나님을 향한 사랑을 보여 준다. 반면에 십자가의 수평선은 인자로 오셔서 타락한 인간에게 긍휼을 베푸시기 위해 두 팔을 벌리시고 계시는 주님의 모습을 보여 준다. 십자가에서 마리아의 수직적인 하나님을 향한 갈망과 마르다의 수평적인 인간을 향한 섬김의 균형을 보게 된다.

저자는 마리아와 마르다가 서로 다르지만 서로를 보완해야 하는 일에 균형을 이루어야 한다고 가르친다. 예배에 탁월한 마리아는 섬김의 영성을 배우고, 섬김에 탁월한 마르다는 예배의 영성을 배워야 한다는 것이다. 서로의 약한 부분을 알고, 그 약한 부분을 보완하기 위해 균형을 추구해 나갈 때 주님의 능력이 임한다고 가르쳐 준다.

저자는, 우리 각자는 자신의 독특한 영적 유전자를 인정하면서도 동시에 자신의 부족한 영성을 배우기 위해 훈련해야 함을 가르쳐 준다. 균형을 위해 조금씩 방향 수정을 해야 함을 가르쳐 준다.

나는 이 책을 균형 잡힌 영성을 추구하는 그리스도인들에게 추천하고 싶다. 예배만을 강조하다가 섬김을 소홀히 하는 분과 섬김만을 강조하다가 예배를 소홀히 하는 분에게 이 책을 추천하고 싶다. 균형 잡힌 영성을 통해 균형 잡힌 그리스도의 제자를 양육하기를 갈망하는 교회 지도자들과 선교단체 지도자들에게 추천하고 싶다.

강준민_L.A. 새생명비전교회 담임목사

예배에 관한 탁월한 영성작가 토미 테니가 이번에는 「균형의 영성」을 통해 우리에게 예배와 섬김 사이에서 균형감각을 유지하는 영성을 일깨워 준다. 「다윗의 장막」을 통해 '하나님이 기뻐하시는 집'을 소개했다면, 이 책 「균형의 영성」을 통해 토미 테니는 '하나님이 임재하여 거하시는 집'을 소개한다. 그곳은 베다니의 집으로, 마리아의 열정과 마르다의 긍휼이 균형을 이루는 곳이며, 양쪽에 모두 기름 부으심이 필요하다. 하나님은 열정과 긍휼이 조화로울 때 가장 기뻐하신다.

따라서 우리의 영성은 열정passion과 긍휼compassion의 조화를 이루어야 한다! 열정은 하나님을 향한 수직적인 사랑을 의미하고 긍휼은 이웃을 향한 수평적인 사랑을 의미한다. 여기서 우리는 그리스도의 십자가와 맞닥뜨리게 된다. 그것은 하나님을 갈망하면서도 사람들을 섬기는 그분의 완벽한 계획을 형상화한 것이기 때문이다. 그렇기에 베다니를 세우기 위한 전제는 마르다의 부엌과 마리아의 예배 사이의 어느 지점에서 하나님과의 만남을 추구하는 것이다. 즉, 순간적이고 일시적인 방문이 아닌 하나님의 거주하심을 바라는 것이다. 우리는 마리아처럼 첫사랑 하나님을 온 마음과 뜻과 정성과 힘을 다해 사랑해야 하고, 또한 마르다처럼 "네 이웃을 네 몸과 같이 사랑"하기 위해 최선을 다해야 한다.

토미 테니는 하나님을 갈망하며 사람을 섬기는 그 중간 지점에서 평강을 누릴 것을 권유한다. 그의 인도를 따라 균형의 영성에 도전해 볼 수 있을 것이다!

이찬수_분당우리교회 담임목사

예배의 우선순위를 강조해온 토미 테니가 말하는 '균형의 영성'이란 하나님을 갈망하는 예배자가 반드시 점검해 보아야 할 부분이다. 우리는 예배의 자리에서 하나님을 찬양하고 그분을 높여 드리는 데 열중하지만 정작 우리 주변 사람들을 돌아보는 자리에서 너무나 무심하고 메마른 자신을 발견할 때가 있다. 반대로 사람들을 섬기는 데 치중하다 보면 어느 순간 하나님을 향한 열정이 식어질 때가 있다.

토미 테니는 우리 삶과 교회 안에 파고든, 영적 사역과 세속적 영역을 가르려는 '분리주의'를 경계하며 예배와 섬김이 결코 분리된 것이 아님을 강조한다. 사람을 긍휼히 여기는 능력을 상실하면 하나님을 향해 아무리 열정이 많아도 세상에서 하나님께 쓰임 받는 능력은 제한된다. 반대의 경우도 마찬가지다. 우리의 삶과 교회는 하나님을 향한 열정과 사람을 향한 긍휼이 하나님의 이름으로 만나는 시점에서 비로소 그 의미가 있기 때문이다. 우리는 마리아처럼 하나님을 예배하고 마르다처럼 사람을 섬겨야 한다! 이제 우리 안에서 더 이상 마리아와 마르다가 싸울 필요가 없으며, 교회 안에서 마리아들과 마르다들이 대립할 필요가 없다.

토미 테니에 따르면, 진정한 부흥은 하나님과 사람이 동시에 동일한 장소에 나타날 때 임하는 것이다. 따라서 우리는 마리아처럼 기도할 때가 언제인지, 또한 마르다처럼 섬겨야 할 때가 언제인지 분별하기를 기도해야 한다. 양자 간의 균형을 맞추어 주님이 우리 안에 편안하게 거하실 수 있도록 간구해야 한다. 토미 테니처럼 다음과 같이 기도하자.

"우리 가슴에 주님을 향한 갈망의 불을 부어 주소서. 우리 마음에 긍휼의 수위도 높여 주소서. 주님, 우리는 주님을 열정적으로 따르고 갈망할 것입니다. 또한 우리는 긍휼의 섬김 가운데 사람들에게로 나아갈 것입니다. 오소서 성령님! 그리고 우리가 주님을 높여 드릴 때 모든 사람들이 환영받는 그 집으로, 예수님께로 모두가 오게 하소서."

고형원_부흥한국 대표

머리말

의심할 여지 없이 이 책은 내가 쓴 책 중에 가장 논란이 될 것이다. 부흥을 추구하는 사람들은 말할 것이다.

"토미가 부흥을 포기했군."

사회적으로 의식을 가지고 긍휼사역을 하는 사람들은 말할 것이다.

"토미가 이제야 제정신을 차렸군."

진실은 마르다의 부엌과 마리아의 제단 사이 어느 지점엔가 있다. 마르다와 마리아는 영원한 맞수인 것처럼 보인다. 그러나 이 책에서는 그들 사이에 평화 조약이 있기를 바란다.

나는 부흥을 포기하지 않았다. 나는 중간 지점에서 평강을 누린다. 예배하며 일하는, 하나님을 갈망하며 사람을 섬기는 그 중간 지점에서.

주요말씀

그들이 길 갈 때에 예수께서 한 마을에 들어가시매 마르다라 이름하는 한 여자가 자기 집으로 영접하더라. 그에게 마리아라 하는 동생이 있어 주의 발치에 앉아 그의 말씀을 듣더니 마르다는 준비하는 일이 많아 마음이 분주한지라. 예수께 나아가 이르되 주여 내 동생이 나 혼자 일하게 두는 것을 생각하지 아니하시나이까. 그를 명하사 나를 도와주라 하소서. 주께서 대답하여 이르시되 마르다야 마르다야 네가 많은 일로 염려하고 근심하나 몇 가지만 하든지 혹은 한 가지만이라도 족하니라. 마리아는 이 좋은 편을 택하였으니 빼앗기지 아니하리라 하시니라 눅 10:38-42.

예수께서 본래 마르다와 그 동생과 나사로를 사랑하시더니요 11:5.

유월절 엿새 전에 예수께서 베다니에 이르시니 이곳은 예수께서 죽은 자 가운데서 살리신 나사로가 있는 곳이라. 거기서 예수를 위하여 잔치할새 마르다는 일을 하고 나사로는 예수와 함께 앉은 자 중에 있더라. 마리아는 지극히 비싼 향유 곧 순전한 나드 한 근을 가져다가 예수의 발에 붓고 자기 머리털로 그의 발을 닦으니 향유 냄새가 집에 가득하더라. 제자 중 하나로서 예수를 잡아줄 가룟 유다가 말하되, 이 향유를 어찌하여 삼백 데나리온에 팔아 가난한자들에게 주지 아니하였느냐 하니, 이렇게 말함은 가난한 자들을 생각함이 아니요, 그는 도둑이라 돈궤를 맡고 거기 넣는 것을 훔쳐감이러라. 예수께서 이르시되 그를 가만두어 나의 장례할 날을 위하여 그것을 간직하게 하라. 가난한 자들은 항상 너희와 함께 있거니와 나는 항상 있지 아니하리라 하시니라 요 12:1-8; 마 26:6-13 참조.

차례

추천의 글
머리말
주요말씀

CHAPTER 1 여우굴과 새둥지 ··· 15
모태도 무덤도 모두 빌린 것이었다

CHAPTER 2 베다니인가 베들레헴인가? ··· 35
영적 분리는 잘못된 것이다

CHAPTER 3 너는 왜 나처럼 하지 않니? ··· 49
나와 너는 전혀 어울릴 수 없는가?

CHAPTER 4 날 좀 내버려 둬! ··· 69
나는 나대로 그는 그대로 놔두라!

CHAPTER 5 날기에는 너무 무겁다 ··· 85
내려놓을 무거운 짐들은 무엇인가?

CHAPTER 6 양극화된 영성 ··· 107
나는 마리아인가, 마르다인가?

CHAPTER 7 당신의 신발이 내게는 맞지 않아요 ··· 123
　　　　　안전지대의 반대편에 들어설 때

CHAPTER 8 우선순위는 하나님의 임재다 ··· 141
　　　　　우리는 언제 섬기고 언제 예배하는가?

CHAPTER 9 자전거를 탈 줄 아는가? ··· 163
　　　　　연속적인 수정을 통해 방향을 설정하는 기술

CHAPTER 10 균형을 잃어버린 교회 ··· 189
　　　　　하나님의 백성들은 '영광'에서 '열광'으로 갈 수 있다

CHAPTER 11 근접 효과 ··· 215
　　　　　'베다니' 근처에 사는 부수적인 유익들

CHAPTER 12 베다니를 세우라! ··· 229
　　　　　열정과 긍휼의 교차지점

맺음말
주

CHAPTER 1 **여우굴과
새둥지**

모태도 무덤도 모두 빌린 것이었다

장거리 여행지에 갔는데 호텔 예약을 잊어버리고 하지 못한 경험이 있는가? 여행에 익숙한 사람이라면 그 상황을 잘 알 것이다. 호텔에 남아 있는 빈방이 없어서 그날 밤 잘 곳이 없는 경우 정말 당혹스럽다.

예수님께서 지상에서 사람으로 첫 방문을 하셨을 때 베들레헴에는 '빈방 없음' 표지판이 걸려 있었다. 그날로부터 주님은 이 땅 어디엔가 그분을 환영하는 곳이 없을까 찾기 시작하셨다. 사실 주님은 머리 둘 곳을 찾기 위해 모태도 무덤도 다 빌리셔야만 했다. 여기에는 엄청난 역설이 담겨 있다. 사실 주님이야말로 만물의 주인이시요, 천지의 창조주이시기 때문이다. 그분은 이 낮은 땅, 창조의 세계에 태어나시면서 그 정도 대접은 충분히 받으실 수 있는 것이었다.

베들레헴 호텔 지배인은 요셉과 마리아, 그리고 아기 성자 예수께 방을 내주지 않았다. 자기가 거절한 분이 누구인지 몰랐기 때문이다. 아마도 그는 예정된 순서를 따랐거나 정해진 규정을 어기고 싶지 않았을 것이다. 도대체 그는 사전 예약이 되어 있다는 생각을 할 수 없었던 것인가? (예언자들이 이미 '메시아가 오실 것이다'라는 메시지를 남기지 않았던가. 게다가 메시아는 특별히 다윗의 도시인 베들레헴에 오신다고 말하지 않았던가.) 어쨌거나 우리가 아는 대로 그는 출산을 앞둔 부부를 향해 이렇게 말했다.

"빈방이 없으니 돌아가시오."

오늘날에도 예수님은 자신의 이름으로 일컫는 수많은 교회에서 '빈방 없음' 표지판을 보고 계시니, 정말 이상한 일 아닌가? 사람으로는 가득 차 있으나 하나님을 찾아볼 수 없는 교회가 많다. 그런 곳은 잘 짜여진 종교적 예식 순서와 모임 일정표와 사전 협의된 예배 규범들로 가득하다.

이런 명성이 자자한 예배의 전당들은 지나치게 과격한 표현이나 절제되지 않은 모습들을 철저하게 규제하면서, 영적인 생명력마저 거부하여 하나님께 예배의 중심을 내어 드리기를 거절한다.

이처럼 많은 교회가 '빈방 없음' 표지판을 내걸고 형식적인 예배 놀이를 하고 있을 때 하나님의 임재는 또 다른 거주의 자리를 찾아 이동한다. 사람들로 가득한 인위적인 호텔보다는 영적인 마구간이 훨씬 낫기 때문이다.

이 땅에서 주님이 방랑하신다는 사실은 안타깝게도 성경에서 일반적인 일이다. 사역 초기에 예수님은 제자가 되려는 사람에게 경고하신 적이 있다. "여우도 굴이 있고 공중의 새도 거처가 있으되 인자는 머리 둘 곳이 없다"마 8:20. 슬픈 현실이지만 실제로 아직도 주님의 방문을 가로막고 있는 최대난관은 바로 이것이다.

신이 인간을 찾아 초라한 구유로 임하셨다

누구나 잘 알듯이 그날 밤 그 작은 마을의 동물 우리에 있는 초라한 구유 하나가 주님을 맞이했다. 그리고 역사는 '그분의 이야기'His-story가 되었다. 신이 인간을 찾아 초라한 베들레헴 구유에 임하신 그날로 역사가 바뀐 것이다.

우리가 사람을 섬길 때에도 누구를 대접하는 것인지 모를 일이다. 부지중에 천사들을 대접할 수도 있기 때문이나히 13:2. 하나님은 우리가 전혀 예상하지 않는 순간에 나타나시는 분이다. 그렇기 때문에 항상 손님을 대접하는 거룩한 삶의 습관을 가져야 한다. 만약 베들레헴의 그 여관 주인이 자기가 누구를 돌려보냈는지 확실히 알았다면 예수님의 베들레헴 도착에 대한 복음서 기사들은 오늘날 전혀 다른 내용이 되지 않았겠는가! 우리도 마찬가지다. 우리가 누구를 거절하고 있는지 알게 된다면 우리의 역사도 여러 번 바뀌었을 것이다.

부인할 수 없는 사실이 한 가지 있다. 아기 예수를 환영하는 데 실패했던 인간의 실수가 성인이 된 메시아를 환대하는 데에도 여전히 실패하고 있다는 것이다. 이것은 성경의 이야기들뿐 아니라 교회 안에서 행해지는 오늘날의 예배의식을 볼 때도 인정할 수밖에 없는 사실이다. 우리는 그분의 수태를 불신했고 그분의 탄생을 무시했으며 성인이 된 그분을 십자가에 못 박았다. 이것이 오늘날에도 반복되어 흐르는 역사의 후렴구다.

분명히 마리아와 요셉은 넉넉한 사랑과 돌봄으로 예수님의 어린 시절을 행복하게 만들어 주었다. 하지만 예수님의 신성과 거룩한 사명 때문에 곤란했던 때가 한두 번이 아니었다.

잘 알듯이 예수님은 열두 살 때 유월절 기간에 예루살렘 성전에 갔다가 그곳에서 율법학자들과 오랜 시간 동안 깊이 있는 대화를 나누었다. 또한 '내 아버지의 일'에 대한 예수님의 확고한 헌신 때문에 긴장감이 조성되기도 했다. 왜냐하면 예수님은 마리아와 요셉이 갖고 있던 인간적인 생각들에 이의를 제기했기 때문이다.

"그의 부모가 보고 놀라며 그의 어머니는 이르되, 아이야 어찌하여 우리에게 이렇게 하였느냐. 보라 네 아버지와 내가 근심하여 너를 찾았노라. 예수께서 이르시되 어찌하여 나를 찾으셨나이까. 내가 내 아버지 집에 있어야 될 줄을 알지 못하셨나이까 하시니 그 부모가 그가 하신 말씀을 깨닫지 못하더라" 눅 2:48-50.

그나마 예수님의 독특함은 예배당에서 오히려 친숙할 수 있는 것이었지만, 주님은 사람들의 집으로 가셨다. "예수께서 함께 내려가사 나사렛에 이르러 순종하여 받드시더라"눅 2:51.

머리 둘 곳이 없었다

예수님이 청년기까지 머물던 집을 떠나 사역을 시작하신 이후에는 편안한 장소를 찾기가 더더욱 어려워졌다. 여우도 굴이 있고 새도 보금자리가 있는데 왜 예수님은 피곤한 머리를 두실 곳을 찾기가 어려웠던가?

나는 사역을 하면서 길에서 상당히 오랜 시간을 보내기 때문에 가족들을 데리고 다니는 경우가 많다. 호텔 방을 예약할 때는 '연결된'connecting 방을 구하기 위해 매우 애를 쓴다. 그래야만 딸들이 자신들의 방을 쓰는 동시에 나와 아내도 따로 방을 쓸 수 있기 때문이다. 그러면 여행 중에도 '집에서와 같은 분위기'를 낼 수 있다.

매우 당혹스러운 경험을 치른 후에야 우리는 '인접한adjoining 방'과 '연결된 방'은 완전히 다른 개념이라는 것을 알게 되었다. 당신이나 당신 호텔 직원이 이 사실을 모르고 있다면 큰일이다! 나는 때로는 노련한 호텔 직원들도 '연결된 방'과 '인접한 방'의 차이를 모른다는 사실을 알게 되었다! (차이점은 간단하다. '인접한 방'은 방이 서로 가까이 있지만 두 방 사이에 연결문이 없다. 반면 '연결된 방'은 두 방 사이를 자유롭게 오갈 수 있는 연결문이 있다.)

한번은 뉴욕에 사역하러 갔을 때, 미국의 가장 유명한 호텔

체인점에서 직원과 다시 한 번 이 익숙한 대화를 나누게 되었다.

"이보세요, 미안하지만 예약받는 분이 실수하셨어요. 우리는 분명 연결된 방을 신청했는데 그 방은 연결된 방이 아닙니다."

"아니요, 분명히 옆방이잖아요. 인접한 방을 원하셨던 거 아닌가요?"

순간 나는 당혹스러움을 감출 수 없었지만 마음을 가라앉히고 말했다.

"실례지만 이해를 못하시는 것 같은데요. 우리에게는 어린 딸들이 있어요. 나와 아내가 함께 있으면 아이들만 따로 호텔 방에 있게 되는데 그것은 절대 안 된단 말입니다. 결국 저는 이쪽 방에 혼자 있고 아내와 아이들은 벽을 사이에 두고 반대편 방에 있게 될 텐데, 한 가족이 떨어져 보내는 게 말이 됩니까?"

직원은 잠시 머뭇거리더니 이렇게 말했다.

"하여간 바로 옆방 아닙니까!"

"아니요. 두 방이 연결되어 있어야죠."

나의 항변에도 불구하고 안타깝게도 그날 밤 그 직원은 내게 아무것도 해 줄 수가 없었다. 나는 어쩔 수 없이 인접해 있기는 하나 연결되어 있지 않은 방에 들어가서 지친 몸을 현관에 기대었다. 그리고 '연결문'이 있어야 하는 텅 빈 벽을 바라보았다. 벽을 바라볼수록 '반대편'에 있는 아내와 딸들이 사무치게 보고 싶었다.

나는 생각했다. '이게 뭐하는 짓인가? 가족을 데리고 온 이유

는 함께 있기 위해서였는데!'

그리고 마음속으로 상상했다. '월마트가 바로 이 길 아래쪽에 있지. 지금 당장 전기톱을 사와서 이 문제를 해결하면 되잖아! 톱으로 저 막혀 있는 벽에 구멍을 내고 바로 연결문을 세울 수 있으니까.'

하지만 호텔에서 청구할 복구 비용을 계산해 보니 정신이 번쩍 들었다. 톱을 사는 것과는 비교가 안 되는 청구비가 나올 테니까.

주님은 막힌 담을 허무셨다

나는 그날 밤 연결문을 달지 않았다. 하지만 그 사건을 통해 하늘 아버지께서도 동일한 마음을 가지실 때가 한두 번이 아니라는 사실을 알게 되었다. 그리고 하나님은 그 막힌 담이 너무나 싫기 때문에 실제로 손수 문을 만드셨다는 사실을 기억했다. 무엇으로 문을 만드셨는가? 바로 아들의 순종을 통해서 만드셨다! 하나님은 이런 말씀을 하시는 것 같다.

"내가 왜 이 상황을 참아야 하느냐? 내가 너희를 창조한 것은 너희와 함께 있고 싶어서다!"

하나님은 언제나 '휘장'을 싫어하신다. 처음으로 휘장을 제거할 합법적인 권리를 갖게 되자, 하나님은 휘장을 찢으시되 다시는 칠 수 없도록 만드셨다. 그리고 자신을 드러내셨다. "그는 … 중간에 막힌 담을 자기 육체로 허시고"엡 2:14. 또 다른 역본에서는 이렇게 말한다. "그분은… 벽을 허무셨습니다."메시지 성경.

하나님이 분리 장벽을 허무셨다면 원래는 하나님과 그 자녀들을 분리시키는 막힌 담이 있었다는 의미다.[1]

어떤 사람들은 하나님이 스스로 보호 장벽을 세웠다고 지적할 수 있지만, 하나님은 인류를 너무나 사랑하시기 때문에 자신의 아들을 통해 모든 사람이 들어올 수 있는 새롭고 살아 있는 '연결문'을 만들어 하늘나라를 '리모델링'하기로 결정하셨다. 예수님은 제자들에게 이와 같이 말씀하셨다.

> "그러므로 예수께서 다시 이르시되 내가 진실로 진실로 너희에게 말하노니 나는 양의 문이라 … 누구든지 나로 말미암아 들어가면 구원을 받고 또는 들어가며 나오며 꼴을 얻으리라"요 10:7, 9.

하나님이 통행문을 만드시느라 얼마나 큰 비용을 치르셨는지 아는가? 때로 우리는 예배를 드리는 중에 하나님의 임재를 느끼고는 자랑스럽게 말한다. "하나님, 우리가 이곳에 서느라 얼마나 큰 대가를 치른지 아십니까!" 하지만 우리의 경력도 시간도 돈도 기쁨도 단지 선물에 불과하다. 하나님이 예배 가운데 우리를 찾아오시기 위해 치르신 대가를 생각해 보라. 요한복음 3장 16절을 다시 한 번 기억해 보면 그 대가가 무엇인지 알게 될 것이다.

"하나님이 세상을 이처럼 사랑하사 독생자를 주셨으니 이는 그를 믿는 자마다 멸망하지 않고 영생을 얻게 하려 하심이라."

하나님은 우리와의 막힌 담을 허무실 때 '전기톱'을 사러 장비 전문점이나 할인점에 가지 않으셨다. 하나님은 당신 아들의 육체의 '장막'을 찢어서 비로소 합법적으로 장벽을 부숴 버리셨다. 그 대가를 치르고 하늘과 땅의 연결문을 만들어 내셨다.

분리시키는 것들을 싫어하시는 하나님

우리의 구원을 위해 하나님이 치르신 대가를 생각해 본다면, 하나님이 그분의 자녀와 자신을 분리시키는 것들을 얼마나 싫어하시는지 짐작할 수 있다.

그러나 예수님이 죄의 분리 장벽을 허무시고 천상의 하나님 보좌 우편으로 가시자마자 우리는 또다시 종교적인 장벽들을 세우기 시작했다! 바울은 베드로와 바나바가 이방인 그리스도인들을 '부정하다'고 멀리하며 인종과 종교의 옛 분리 장벽을 다시 세우는 것에 대해 공개적으로 책망했다갈 2:11-16.

사도들이 순교자의 반열에 들어서고 세월이 흐르면서 교회는 예수님이 십자가를 통해 허락하신 자유를 포기하고 인간적인 종교 의식으로 돌아가 사람이 세운 '중보자들'의 조직에 얽매이기 시작했다.

그러나 하나님은 교회를 새롭게 하시고자 여러 차례 개입하셨다. 인간 스스로 세운 장벽들을 허무시고 우리의 무관심과 변절로 인해 잃어버린 것들을 회복하기 원하셨다. (하나님이 교회를 재창조하시는 일에는 끝이 없는 것 같다.) 하나님은 개혁을 위해 마르틴 루터를 비롯한 위대한 개혁자들을 사용하셨다. 또한 윌리엄 틴데일을 통해 성경을 평민들에게 돌려주셨고, 모라비안을 통해서는 기도의 불을, 웨슬리 형제들을 통해서는 부흥의 불을 붙이셨다. 더 나아가 수백수천 번의 영적갱신과 부흥과 '각성' 운동을 일으킨 수많은 사람을 통해 개혁을 일으키셨다.

이 모든 것을 통해 하나님은 우리를 만지셨다. 하나님의 임재를 향한 열정에서 떠나 상대적으로 쉽고 뜨뜻미지근한 '종교적인' 삶으로 전락해 버리는 우리의 내면을 만지셨다. 주님은 이 시대에 즐비하게 깔려 있는 미지근한 교회들에 '적응'하느라 힘드실 것이다계 3:14-22. 그곳에는 그분을 위한 자리도 없고, 부흥도 없다. 지금까지 우리는 사람들에게 편안한 교회를 만드는 법에 익숙해져 왔다. 그렇다면 모든 것을 하나님이 사용하시기에 편안하게 만드는 교회는 어디에 있는가?

두 가지 품성을 지니신 예수님

예수님이 "인자는 머리 둘 곳이 없다"마 8:20라고 말씀하신 이유는 그분의 독특한 두 가지 품성 때문이다. 이것은 "나는 친구가 없다"고 말씀하신 것도 아니고 "호텔 방을 구할 만한 돈이 없다"고 말씀하신 것도 아니다. 오히려 이 말씀은 이런 의미다.

"내가 편안하게 머물 수 있는 장소를 찾기가 어렵구나."

만약 예수 그리스도께서 하나님이시기만 했다면 예배의 전당으로 충분했을 것이다. 만약 그분이 그저 사람이셨다면 일류 호텔이면 충분했을 것이다. 그러나 문제는 그분이 하나님이자 사람이었다는 사실이다. 그분께는 신성을 위한 예배의 처소이면서, 인성을 위한 환대의 자리가 될 안식처가 필요했다. 즉, 하나님으로서 편안하게 머물 안식처가 필요하셨을 뿐 아니라, 인간적인 필요들을 돌봐 줄 자리도 필요하셨던 것이다. 그 사이에는 어떤 분리 장벽도 없었다!

그러므로 주님을 온전히 하나님으로만 모시거나 사람으로만 섬기는 것과 주님을 '하나님이자 사람으로' 섬기는 것은 전혀 다른 것이다!

하나님을 섬기려면 무엇을 해야 하는지 우리는 잘 알고 있다. 찬양과 경배 가운데 손을 들고 나아가는 사람도 있겠고 회개와 사랑의 고백으로 주 앞에 무릎을 꿇는 사람도 있을 것이다. 우리는 하나님을 예배함으로 그분을 기쁘시게 할 수 있다는 사실을 성경을 통해서 잘 알고 있다. 그러나 메시아이신 그분 안에는 신성과 인성이 공존하기 때문에 예수님을 높이고 대접하는 것은 쉽지 않은 문제가 된 것이다.

복음서를 잘 살펴보면, 예수님이 자주 방문하셨던 장소들이 나온다. 예루살렘은 성경에 800번 넘게 그 이름이 언급되었는데 예수님은 그곳을 '큰 임금의 성'이라고 부르셨다 마 5:35. 또한 가버나움은 예수님이 많은 기적을 행하시고, 어느 한 집에 자주 머무셨던 도시라는 것을 알 수 있다 막 2:1.

예수님이 베다니에 머무신 이유

베다니는 어떤가? 예수님이 예루살렘에 오실 때마다 베다니에 머무셨던 이유는 무엇인가? 그 장소가 왜 그렇게 특별했는가? 예수님이 마리아와 마르다의 집을 편하게 여기셨던 이유는 그곳에서 그분의 인성과 신성이 함께 대접을 받으셨기 때문이다. 마리아는 예수님의 신성을 기쁘시게 해 드리고 마르다는 예수님의 인성을 대접하였기에 그 집은 예수님께 비로소 아늑한 가정이 되었다.

이 작은 마을은 예루살렘에 있는 감람산 반대편에 위치해 있었다. 우리가 성경에서 알 수 있는 것은 베다니가 예루살렘에서 불과 '안식일에 갈 만한 거리' 막 11:1 ; 행 1:12, 혹은 1마일약 1.6km 정도 떨어져 있다는 것이다.[2]

거리가 중요한 이유는 바리새인들이 안식일에 몇 걸음을 뗄 수 있는지에 대한 규정을 정해 두었기 때문이다. 만약 한 걸음이라도 더 가는 사람은 율법을 어기는 것이었다. (여기서 파생된 말이 '주일 오후의 산책' Sunday afternoon stroll 이라는 말이다.)

예루살렘은 성벽으로 둘러싸여 있었으며 성문들은 매일 밤마다 굳게 닫혀 있었다. 예수님은 기꺼이 예루살렘에서 하나님 나라의 일을 행하셨지만 어떤 이유에서인지 머무시는 곳은 예루살렘이 아닌 베다니를 선호하셨다. 이 마을이야말로 율법의 교리를 지키려고 애쓰는 유대인 여행자들에게는 합법적인 '통근 거리' 내에 있었던 것이다.

그 집에는 뭔가 특별한 것이 있었다

베다니에만 오시면 주님은 언제나 마리아와 마르다의 집으로 끌리셨던 것 같다. 마르다의 집이 제일 컸기 때문이었을까? 우리는 마리아의 집이 얼마나 컸을지 알 수 없다. 다만 마르다가 집을 하나 소유하고 있었고, 그 집에는 예수님이 늘 환영받고 편안하다는 느낌을 가지시게 할 만한 무언가가 있었다는 것만 알 뿐이다. 그 집에는 뭔가 특별한 것이 있었다.[3]

그분은 이렇게 말씀하시지 않았을까. "내가 여기서는 머리 둘 곳이 있단다. 여기 오면 나의 신성과 인성이 나 편안하구나. 이곳에서 환영받고 존경받으니 귀한 섬김을 받는구나."

대접에는 예술의 경지가 있다. 내가 자주 가는 이탈리아 레스토랑 주인은 대접이 무엇인지를 잘 이해하고 있는 것 같다. 손님이 음식점 정문으로 걸어가면 직원이 정중하게 문을 열어 주며 맞이한다.

만약 당신이 '정신이 멀쩡한 사업가'라면 손을 내저으며 말할 것이다. "아니 문 앞에 서 있는 사람을 테이블 정리나 음식 서빙에 활용하는 게 훨씬 낫지." 감사하게도 이 음식점에는 훨씬 사고가 유연한 사람이 있는 것 같다. 섬김의 기술 덕분에 얼게 되는 잠재적인 영향력이 무엇인지 아는 사람 말이다. 누군가 가 '1.6km'를 더 걸어서 어떤 음식점을 찾아간다면, 그곳에는 손님을 편안하게 만들기 위해 환대의 분위기를 조성하는 가치와 기쁨이 있는 것이다.

예수님은 두 영역에서 환대를 받으셔야 했다

예수님이 마리아와 마르다의 집에서 특별히 편안하게 느끼셨던 환경적인 요인은 주님의 이중적인 품성에 근거한다. 주님은 온전히 하나님이시고 온전히 사람이셨기 때문이다. 그 말은 주님께서 두 영역에서 환대를 받으셔야 했다는 뜻이다.

예수님의 이중적인 품성은 복음서 곳곳에서 발견된다. 분명한 증거들 중 하나가 작은 고기잡이배와 거대한 바다, 거친 풍랑 속에서 발견된다.

"바다에 큰 놀이 일어나 배가 물결에 덮이게 되었으되 예수께서는 주무시는지라. 그 제자들이 나아와 깨우며 이르되, 주여 구원하소서. 우리가 죽겠나이다. 예수께서 이르시되 어찌하여 무서워하느냐 믿음이 작은 자들아 하시고 곧 일어나사 바람과 바다를 꾸짖으시니 아주 잔잔하게 되거늘" 마 8:24-26.

이 말씀을 읽을 때 내 고향 루이지애나의 어부들이라면 자동적으로 올리언스 북쪽에 위치한 거대한 폰차트레인 호수를 떠올릴 것이다.[4] 위스콘 신이나 미시간, 일리노이, 오하이오에 있는 다른 지역의 어부들이나 해양 스포츠맨들도 금방 그림이 그려질 것이다. 거대한 한겨울 폭풍이 갑자기 슈피리어 호수나 미시간 호수에 내리쳤을 때 작은 배에 갇혀 있다면 그 상황이 어떤 악몽이 될지 말이다.

직업적인 어부들도 폭풍 속에서 작은 배에 있다는 것이 얼마나 무서운 일인지 인정하지 않을 수 없을 것이다. 베드로, 야고보, 요한은 그다지 크지 않은 배를 타고 갈릴리 바다에서 고기를 잡곤 했다. 그러나 그 배는 예수님과 열두 제자를 태울 정도의 크기였다.

제자들 중 어림잡아 일곱 명은 직업적인 어부들이었다. 평생을 갈릴리 호수에서 지낸 어부 생활에 잔뼈가 굵은 사람들이었다. 폭풍이 깅타해시 베데랑 이부들도 '이제는 빠져 죽겠구니' 하고 생각하는 시점에 예수님은 배 밑바닥에 누워 주무시고 계셨다.

폭풍이 얼마나 심했던지 늘 대담하고 확신에 차 있던 베드로도 소리쳤다. "얘들아, 이러다 모두 죽겠어!" 그런데 어떻게 예수님은 그런 위기 가운데 편안히 주무실 수 있었는가?

폭풍 속에서도 주무시는 예수님에게서 인성을 발견하다

이 장면에서 주님의 신성을 발견한다고 주장하는 사람도 있다. "예수님은 하나님이시다. 그렇기 때문에 주님은 어떤 상황에서도 주무실 수 있었다." 그러나 반대로 나는 이것이 주님의 인성에 대한 증거라고 본다. 왜냐하면 예수님의 육체가 '완전히 지쳤다'는 것을 여실히 보여 주는 사건이기 때문이다.

어떤 주말에 나는 서로 다른 장소의 교회나 집회에서 토요일에 세 번, 주일에 세 번 메시지를 전한다. 그럴 때면 주일 밤 마지막 예배가 끝날 즈음에는, 누군가 구석에서 어깨만 대준다면 아기처럼 새근새근 잘 것만 같은 그런 느낌이 든다.

예수님은 너무나 지치셔서 깊은 잠에 빠지셨다. 두려워 떠는 어부들이 어깨를 치며 "지금 일어나지 않으면 물에 빠져도 모르실 겁니다!"라고 외칠 정도라면, 얼마나 주님이 깊은 잠에 드셨던 것인가!

베드로와 다른 제자들이 녹초가 된 예수님의 인성을 깨웠을 때, 그분의 신성이 일어나사 바람과 바다를 꾸짖으셨다. 이것이야말로 예수 그리스도의 이중적인 품성에 대한 완벽한 모습이다.

인성은 열매를 원하셨지만 신성은 열매 없음을 책망하셨다

한편 또 다른 곳에서 예수님의 인성은 음식을 원하셨다. 그래서 예수님은 무화과나무의 푸른 잎사귀들 가운데 열매가 있는지 보셨다. 분명히 잎이 푸르고 무성하여 열매가 가득할 것 같던 무화과나무에서 주님의 인성이 열매를 발견하지 못하자 이내 주님의 신성은 그 나무를 꾸짖으셨고 그 뿌리까지 마르게 하셨다막 11:13-14, 20-21.

마가복음에서는 주님이 배가 고프시기는 했지만 보통 무화과나무의 열매가 열리는 시기가 아니었음을 시사한다. 하지만 문제는 무화과나무가 일찍 열매를 맺을 만큼 풍성하다는 '신호'를 보였다는 것이다. 어쨌든 예수님은 제자들에게 '열매 없음'에 대한 교훈을 주기 원하셨다.

나는 사람이기 때문에 음식의 유무가 내게는 중요한 문제다. 특별히 사역 스케줄이 많을 때는 더욱 그렇다. 어떤 때는 이제 겨우 식사할 만한 짬이 났는데 너무 시간이 늦어 제대로 된 음식을 찾기 어려울 때가 있다. 마침내 우리는 주관하는 팀에게 이런 문제를 해결하기 위해 '풀서비스'를 제공하는 호텔에 머물게 해달라고 요청하기 시작했다.

그러고 나서 발견하게 된 사실이 있다. 그것은 '풀서비스'를 해 주는 호텔의 개념이 사람마다 다르다는 것이다. 대부분의 경우 우리를 머물게 해 주는 장소들은 상당히 좋은 호텔이다. 모두 깨끗한 객실과 서양식 아침식사를 제공하는 곳이다. 독특한 일정만 아니라면 당연히 그 정도면 된다.

하지만 문제는 아침부터 밤까지 모임 장소를 이동하느라 온종일 아무것도 먹지 못했을 경우다. 나는 도착하자마자 보통 샤워를 하고 곧장 모임 장소로 간다. 그리고 저녁 집회를 인도하고 밤늦게까지 영적으로 굶주린 사람들을 위해 기도하고 격려한다. 마침내 밤 11시 30분에 기진맥진해서 호텔 방에 들어왔을 때 나는 12시간 이상 아무것도 먹지 못했음을 깨닫는다. 그럴 때 호텔에서 룸서비스를 안 해 주거나 요리사가 퇴근해서 룸서비스가 10시에 끝나 버렸다면 나는 갑자기 난감해진다.

'풀서비스'를 하지 않는 호텔들은 대개의 경우 구내에 레스토랑이 없다. 게다가 주최측에서 나를 데려다주고 또 호텔 앞에 내려 주기 때문에 주로 나는 차를 가지고 오지 않는다. 그러다 보니 나는 택시를 타고 가까운 편의점이나 식료품점에 간다. 그런 다음 밤 11시 30분에 가게 안을 쓸쓸히 돌아다니며 '무엇으로 허기진 배를 채울 수 있을까?' 고민해야 한다.

하나님의 방문에 무엇이 필요한지 모르는 사람들이 많다

물론 주최측이 얼마나 나를 배려했는지도 알고, 나를 위해 얼마나 최선을 다했는지도 안다. 하지만 문제는 그들이 늦은 밤 나의 '허기진 배'까지는 이해하지 못했다는 것이다. 이와 마찬가지로 많은 사람이 하나님의 방문에 무엇이 필요한지 이해하지 못하고 있다.

하나님은 '풀서비스 호텔'을 원하신다. 그렇다면 하나님을 위한 '풀서비스 호텔'은 무엇인가? 그곳은 그분의 인성과 신성을 동시에 돌보는 곳이다.

우리가 좋든 싫든 상관없이 하나님은 모텔에 머무시지는 않을 것이다. 그분께는 풀서비스가 필요하기 때문이다. 인접한 방으로도 만족하지 못하실 것이다. 그분은 죄의 장벽으로 인해 자녀들과 완전히 분리되어 지내는 것을 원하지 않으신다. 그분은

'인접한 방'이 아니라 '연결된 방'을 원하신다.

마침내 하나님과 사람이 연결될 때 당신은 베다니의 그 집에 있는 것이다. '빈방 없음'이라는 표지판을 걸고 베들레헴에서 시작된 이야기가 마침내 주님이 머리 두실 곳이 있는 베다니에서 끝난다. 예수님의 예루살렘 방문은 베다니가 있기에 이루어진 것이었다.

CHAPTER 2 **베다니인가
베들레헴인가?**

영적 분리는 잘못된 것이다

요한복음 11장 1절에는 이렇게 기록되어 있다. "마리아와 그 자매 마르다의 마을 베다니." 베들레헴이 불친절한 것으로 유명하다면 베다니는 예수님이 머물기 좋아하셨던 장소로 유명하다고 할 수 있다. 이처럼 베다니를 명소로 만든 것은 멋진 거리 때문도 특별한 위치 때문도 아니었다. 그것은 마리아와 마르다 때문이었다!

만약 마리아와 마르다가 한동네 한 지붕 아래 살지 않았다면 어떻게 되었을까? 그러면 베다니는 더 이상 예수님에게 매력이 없었을 것이다. 그 순간 베다니는 베들레헴과 다름 없는 장소가 되고 만다.

"나누고 정복하라."

군 지도자, 황제, 왕, 대통령들은 지난 수세기 동안 이 단순한 공식을 전쟁의 전략으로 활용했다. 우리 영혼의 대적도 여전히 이 공식을 성공적으로 사용하고 있다. 지금 이 글을 쓰는 동안에도 '영적 분리'의 방식은 전 세계를 강력하게 휩쓸고 있다. 물론 이 방식은 교회에도 전염되어 있다.

어렸을 적에 부모님이 "내 집에서는 안 돼!"라고 말씀하시던 모습을 기억할지 모르겠다. 하늘 아버지께서는 오늘날의 교회에게 경고하고 계신다. "나는 분리하고 나누는 곳에서는 살거나 머물지 않을 것이다. 내 집에서는 그것을 용납하지 않을 것이다."

하나님은 어떤 종류의 울타리도 분리 장벽도 "내 집에서는 안 돼!"라고 말씀하시며 거부하신다. 하나님은 피 값으로 사신 교회를 향해 선포하고 계신다. "내가 모든 분리 장벽을 헐어 버리는 이유는 내가 머물 수 있는 연합된 장소를 찾기 때문이다!"

세상과 교회를 휩쓸고 있는 "나누고 정복하라"는 방식은 에덴동산에서의 원죄로부터 시작된다. 뱀은 하와에게 특별한 위치를 갖도록 유혹하기 위해 하나님의 영역으로부터 하와를 분리시킴으로써 자신의 분열 작전을 수행하기 시작했다. 결국 하와는 금단의 열매를 먹는 죄를 짓고 만다. 모순되게도 아담과 하와는 범죄한 이후 무화과나무 가지로 벌거벗은 모습을 가리고 하나님에게서 숨으면서 처음으로 '분리된 공동체'를 만들어 냈다 창 3:7. 죄가 인류에 들어온 후 사탄의 영적 분리의 전략은 한동안 성공했다. 우리를 에덴동산으로부터 분리시켰으며, 하나님과의 친밀한 교제로부터 분리시켰기 때문이다.

영적인 것을 세속적인 것과 분리하려는 노력, 하나님을 인류의 삶으로부터 제쳐 두려는 시도가 오늘날에도 여전히 진행되고 있다. 아무리 작은 시도라도 영적 분리는 하나님을 일정한 영역에서 몰아내고 인간의 활동에서 배제하려는 행위다.

당신은 이 책에서 이런 표현을 자주 읽게 될 것이다. "교회는 영적으로 열정을 갖든지 사회적으로 긍휼을 갖든지 둘 중에 하나다." 양단간에 균형을 이룬 경우는 거의 드물다. 사탄이 이렇게 말하는 것 같다. "내가 이 두 가지를 나눌 수만 있다면 힘들게 밀고 가는 것을 좀 멈춰도 되겠다."

이것이 영적 분리의 핵심이다. 이러한 선 긋기는 마리아와 마르다 사이에 반목과 불화를 일으킨다. 베다니의 마리아가 그 자리에서 떠난다면 마르다만 남은 그 집은 음식만 가득한 호텔로 전락할 것이다. 우리는 영적인 것을 세속적인 것과 분리해서는 안 된다.

의를 세상살이와 분리시키려는 사람들이 있다

영적 분리는 다양한 형태를 취한다. 하지만 분명히 예언할 수 있는 것은, 앞으로 닥칠 커다란 충돌은 부도덕의 세력이 도덕의 세력과 일으키는 전쟁이 되리라는 사실이다. 사람들이 의를 세상살이와 분리시키려고 시도할 것이기 때문이다.

이미 오래전부터 들어왔지만 최근 공식적인 기관들로부터 부쩍 듣게 되는 이야기가 있다.

"학교에서는 기도할 수 없습니다. 풋볼 경기나 졸업식이나 공원 벤치에서도 기도할 수 없습니다. 당신 취향대로 종교적인 의식을 다 따르십시오. 그러나 개인적으로 하십시오. 공적인 자리에서는 믿음을 배제하십시오."

궁극적인 목적은 무엇인가? 세상의 광장에서 영적인 것이 발붙일 자리를 없앰으로써 사회를 세속화하려는 것이다. 영적 분리의 옹호자들은 '의'라는 것을 '낡아빠지고 편협한 종교광들의 개념' 정도로 치부하기를 좋아한다. 이런 경향 때문에 인간 사회에 하나님의 임재는 불편해지는 것이다.

분리 덕분에 사탄은 투쟁의 빌미를 얻는다

안타깝게도 대부분의 영적 분리가 실제로 교회 안에서 일어난다. 옛 금언에서 말하던 "나누고 정복하라"를 실행하고 있는 것이다. 사탄은 이미 패배한 적수인데도 우리 자신이 분열됨으로써 그에게 '투쟁의 빌미'를 다시 제공하고 있다.

1963년 미국의 인권운동 당시 마틴 루터 킹 주니어Martin Luther King, Jr. 목사는 버밍햄 시를 가로지르는 비폭력 시위를 이끈 적이 있다. 버밍햄 경찰 당국은 평화행진을 하는 남녀노소에게 훈련된 공격용 개들을 풀어 놓고, 최루탄을 발사하며, 소방차 호스로 물대포를 쏘았고, 경찰들은 무차별로 방망이를 휘둘러 댔다. 킹 목사와 다른 주요 인사들은 체포되어 버밍햄 시 교도소에 감금되었다.[5]

다음은 킹 목사가 버밍햄에 있는 동료 목회자에게 호소하기 위해 쓴 '버밍햄 시 교도소에서의 편지'라는 역사적인 기록에서 발췌한 것이다. 이 편지에는 남부의 교회들이 별 뉘우침이 없는 것에 대한 킹 목사의 실망감이 잘 드러나 있다.

남부의 많은 교계 지도자들이 회중에게 인종차별 반대에 동참하도록 촉구했다는 소식을 들었네. 하지만 백인 목회자들이 먼저 통합이 도덕적으로 옳은 것이며 흑인들은 우리의 형제이기 때문에 이 법령을 따라야 한다고 말했다면 좋지 않았겠는가. … 이 나라에서 인종적, 경제적 불의를 제거하기 위해 모진 노력을 하고 있지만 너무나 많은 목회자들이 이런 말을 하더군. "그런 것은 복음과는 실제적인 관련이 없는 사회적인 이슈들일 뿐이니 신경 쓸 필요 없이." 너무니 많은 교회들이 완전히 딴 세상의 종교에 헌신하고 있는 형국이라네. 육과 영, 성과 속이 완전히 분리되어 있으니 말일세.

분리주의가 쉽게 내뱉는 말 "당신은 들어올 방이 없습니다!"

우리는 종종 하나님을 사회에서 '제외'해 왔다! (그리고 사회가 왜 이렇게 부도덕한가 의아하게 생각해 왔다.) 영적 분리주의가 사회를 변질시킬 때면 결국 교회에도 그 영향이 나타나게 된다. 영적 갈등이 베들레헴에 닥쳤을 때 베들레헴은 '빈방 없음' 표지판과 더불어 가축우리에 조야한 숙박시설을 차려 놓고 영적 분리

주의를 강화시켰다.

우리 사회에서 영적 분리주의를 조장하는 세력들은 인종 간의 문제에 분리주의를 적용하는 것으로는 만족하지 못한다. 그들은 신앙인들에게도 단호하게 선포한다. "당신은 들어올 방이 없습니다."

'마르다 대 마리아'의 분리는 그것이 성격의 문제이든 선호의 문제이든, 인간 사회의 모든 영역에서 발견된다. 일단 마르다를 들여놓으면 마르다는 마리아를 자기 영역에서 당장 몰아낼 것이다. 반면 마리아는 마르다가 자기만큼 '영적'이지 않다는 이유로 그녀를 정죄하여 마음을 괴롭게 할 것이다.

이 문제를 해결하려면 베들레헴이 아닌 베다니가 필요하다. 베들레헴이 "당신이 들어올 방은 없습니다"라고 반응할 때마다 주님의 신성과 인성을 환영할 장소가 되어 줄 베다니가 필요한 것이다.

당신의 도시나 교회, 학교나 가정이 하나님의 방문을 원한다면 누군가는 성령님을 초대하는 법을 배워야 한다. 즉 하나님과 사람을 위한 자리를 모두 마련해야 한다는 것이다. 마리아가 주님의 신성을 예배할 뿐 아니라, 마르다도 주님의 인성을 섬겨야 한다. 일요일에 하나님을 예배할 뿐 아니라, 월요일에 사람도 섬겨야 하는 것이다. 모든 교회 건물 안에는 마리아도 마르다도 있게 마련이다. 여기에 분리주의가 있으면 안 된다! 양쪽이 다 잘되도록 해야 한다. 상호 간의 감사도 있어야 한다.

예수님의 양성성은 우리의 완벽한 모델이 되신다. 주님은 양쪽 영역에서 모두 섬김을 받으시고 즐거움을 누리셨다. 우리의 머리 되신 그리스도께서는 하나님 우편에 계시지만, 그분의 몸인 교회의 현재와 미래는 지상의 물질계 안에 존재한다. 주님은 우리를 찾아와 문을 두드리실 때 '방 없음'을 내거는 '베들레헴'을 더 이상 원치 않으신다. 이제 주님은 그분을 환영하는 집에서 쉼을 누릴 수 있는 '베다니'를 찾고 계신다.

지난 수세기 동안 교회 지도자들은 사람들이 교회와 사랑에 빠지는 법을 강구해 왔다. 목회자들은 종종 종교적 중매인 같은 느낌이었다. 교회에 대한 충성심을 만들어 내기 위해 자연적인 요소와 영적인 요소들을 적절히 버무려 보려고 했다. 그러나 정작 교회의 주인 되시는 하나님에 대해서는 거의 망각해 버렸다. 궁극적인 시향점은 하나님과 사람이 함께하는 것이다.

반면 어떤 사람들은 주님과 깊은 사랑에 빠져 있음에도 형제 자매들에 대해서는 더 이상 참을 수 없다고 말한다. "하나님은 사랑하지만 교회는 좋아하지 않아요. 교인들의 모습도 마음에 안 들어요. 하나님의 아름다운 창조세계 안에 하나님과 나만 있으면 되는 것이죠."

그러나 하늘에 계신 아버지는 '영적인 형제간의 다툼'을 용인하지 않으신다. 히브리서 기자는 말한다.

"서로 돌아보아 사랑과 선행을 격려하며 모이기를 폐하는 어떤 사람들의 습관과 같이 하지 말고 오직 권하여 그날이 가까움을 볼수록 더욱 그리하자"히 10:24-25.

아무리 생각해 봐도 교회 안에 성령 중심과 사람 섬김이 함께하지 못할 이유가 없다. 하나님을 향한 열정과 사람을 향한 긍휼이 공존하지 못하라는 법이 없다.

"다 같이 잘 지낼 수 없겠니?"

우리가 '하나님 앞에서 뭔가 맡은 일을 할 때' 그곳이 추수할 밭이든 변화산 꼭대기이든 상관없이 다른 사람을 돌아보고 권하고 '사랑과 선행'을 격려한다는 것은 쉽지 않은 일이다. 물론 사람들과 멀리 떨어진 고요한 장소에 있으면 하나님의 경이로우심을 생각하고 그분의 이름을 찬양할 수 있는 멋진 기회들이 찾아온다. 하지만 그런 기회들조차 그리스도의 몸 안에 있는 가족 관계를 대체할 수 있는 것은 아니다.

어렸을 적 아빠 차를 타고 여동생과 장거리 여행을 가던 때가 종종 생각난다. 차로 장거리를 여행하다 보면 상당히 재미가 있다. 하지만 여동생과 나는 뒷좌석 한가운데에 선을 그어 놓고 소리치고 있었다.

"여긴 내 자리야. 네 자리는 거기야. 넘어오지 마."

그 좋은 날 여덟 시간 걸리는 여행길에 우리는 처음 두 시간 동안을 남매간의 다툼에 빠져 난리를 쳤다.

"아빠, 저 애 발이 넘어와요!"

"말도 안 돼! 아빠, 오빠 팔이 넘어와요."

우리는 서로를 향해 사정없이 비난의 화살을 날리고 있었다.

"오빠가 내 자리에 넘어왔어."

"아니야, 네가 내 자리에 넘어왔잖아."

그러나 나도 여동생도 그 자리에 대한 아무 권한이 없다는 생각은 하지 못했다. 그 차는 아빠의 차가 아닌가. 결국 아빠의 한마디에 우리는 깨닫게 되었다.

"아빠가 차를 멈추게 하지 말아라."

그 순간 우리는 이 차의 진짜 주인이 누구인지, 그리고 '승객들'이 주인의 경고에 주의하지 않으면 어떤 일이 일어나는지 알게 되었다.

자식들이 한집에서 평화롭게 같이 살기를 거부하는 것을 보는 것처럼 아비의 마음을 아프게 하는 것은 없다. 그러니 우리가 끊임없이 서로를 공격할 때 우리는 얼마나 큰 부담감을 하늘 아버지께 드리는 것인가. 하나님은 우리 모두를 사랑하시기에 우리에게 말씀하신다.

"다 같이 잘 지낼 수 없겠니?"

이곳은 사실 우리 교회가 아니라 그분의 교회다

우리는 교회 안에서 서로 간에 인위적인 경계선을 긋고 장벽을 세우는 경향이 있다. 서로를 향해 거만하게 경고하는 것을 보면 나와 내 여동생이 자동차 뒷좌석에 앉아 자리 싸움을 하던 일이 생각난다. "나는 이렇게 했고 그 사람은 저렇게 했는데 사실 그 일은 그 사람 영역이 아니잖아." 어쨌든 이곳은 우리 교회가 아니라 그분의 교회인데 사람들은 그 생각을 전혀 못하는 것 같다. 하늘 아버지께서는 다투고 있는 자녀들에게 얼마나 많이 경고하셨겠는가.

"내 목적을 멈추게 하지 말아라! 얘들아, 지금 너희는 너희 소유도 아닌 것을 가지고 다투고 있구나. 너희는 교회 안에서 직분이나 권력이나 정치를 가지고 다툴 권리가 없다. 그것은 너희들 것이 아니기 때문이야. 그것은 내 것이다! 그것은 '너희 자리'가 아니다. 교회는 내 가족이다. 너희 형제와 자매들이 하고 있는 것에 대해 걱정하지 마라. 두렵고 떨림으로 너희 구원을 이루라. 강대상 뒤에서 섬기든, 유아실에서 섬기든, 토요일 밤에 청소를 하며 섬기든, 이 모든 것이 내게 소중한 것이란다."

오늘날 교회 안에서 연합이 주요 과제가 된 이유는 그것이 하나님의 뜻이기 때문인 동시에, 우리가 이 문제를 너무 엉망으로 만들어 놓았기 때문이다. 왜 그런가? 마음과 뜻이 '하나 되는 것'을 '획일성을 갖는 것'으로 혼동했기 때문이다. 나는 이 문제를 나의 책 「하나님의 드림팀」두란노에서 다루었다.

원수는 연합을 제안하지만 그것은 교묘한 속임수요 거짓말이다. 그런 연합은 사상누각이다. 그것은 획일성에 기초한 연합이며 처음부터 통제를 위한 것이고 진리에는 무관심한 것이다. 세계교회 간에도 '연합'이라는 이름으로 교리를 타협하고 거짓말을 조장해 온 측면이 있다. 그 목적은 가장 고결한 부르심과 사명을 위한 것이 아니라 가장 하향평준화된 공통분모를 찾아서 유지하기 위한 것으로 왜곡되어 왔다.

이러다가는 교회가 정말 서명해야 하는 것은 '독립선언서'가 될 것이다. 우리는 완전히 서로에게 의지하면서도 절대적으로 주님만 의지하는 존재다! 소위 '독립적'이라는 표현은 훈련이 부족한 사람들의 집단에 반하여 자신을 표현하는 것으로 보인다.[6]

성경적인 연합과 인위적인 획일성 사이에는 분명하고 중대한 차이가 있다. 하나님은 마리아와 마르다의 개성과 섬김을 둘 다 귀하게 여기신다는 것을 알아야 한다.

마리아와 마르다 사이에서

당신은 지금까지 살아오면서 자신이 '마리아 같은 친구들'과 '마르다 같은 친구들' 사이에 끼어 있다는 느낌을 받은 적이 있는가? 나의 친한 친구들 중에도 지구촌 곳곳의 굶주림과 억압받는 현실에 무관심한 채 골방에서 기도에 열중하는 사람에 대한 이야기를 해 줄 때마다 거의 즉각적으로 반응하는 경우가 있다. 이런 식으로 말하는 것이다. "그 사람, 세상과 괴리된 신비주의자군."

이번에는 반대로 저쪽 친구들과 있으면서 이쪽 친구들에 대한 이야기를 할 때가 있다. 사회적인 빈곤 퇴치와 도심의 소외계층에 대해 열정적으로 헌신하는 사람에 대한 이야기를 하면 그들은 이렇게 반응한다. "글쎄, 나쁘지는 않지. 하지만 그 사람, 성령이 하시는 일에 대해서는 잘 모르고 있어."

나는 기독교 공동체 안에서 '양쪽'을 다 끌어안아야 한다고 생각한다. 우리는 무너진 한가운데 서서 양단간에 깊은 이해의 다리를 놓아야 한다. 이것은 하나님이 주시는 명령이다. 그러면 어떻게 해야 그런 일이 가능한가? 그것은 오로지 하나님이 양쪽의 관점을 다 존중하신다는 것을 이해하기 시작할 때 가능하다. 하나님은 양쪽 진영이 함께 일하기를 원하신다.

마리아가 예수님을 사랑했다는 사실에는 의심의 여지가 없다. 주님의 죽음을 예비하며 값비싼 향유 옥합을 깨뜨려 주님께 부었을 때 그것은 사랑으로 예배하는 가장 강력한 모범이었다. 하지만 이런 질문을 우리 자신에게 던질 수 있다. 깨어짐이라는 것이 꼭 향유 옥합을 깨뜨려 주님께 부을 때에만 표현될 수 있는 것인가? '한밤중의 기름'을 태우며 주님을 위한 마지막 유월절 만찬을 준비하기 위해 한밤을 세우는 것으로도 깨어짐을 표현할 수 있지 않겠는가? '타오르는 중심'으로 섬기는 것이 '깨어진 마음'으로 예배하는 것이 될 수 있는가? 그렇다면 마르다처럼 '부엌에서 섬기는 누군가'도 예수님을 사랑하는 모범이 되지 않겠는가?

영적 분리주의는 하나님의 계획 어디를 찾아봐도 설 자리가 없다. 또한 어떤 지역교회 안에서도 설 자리가 없다. 마리아와 마르다는 한동네 정도가 아니라 한집에 같이 살아야 한다! 영적인 분리주의도 오만한 선입견도 결코 받아들일 수 없다.

만약 우리가 이 땅에서 함께 살지 못한다면, 과연 하늘나라에서 함께 살 수 있을까?
그리스도의 몸 안에서 관계가 깨어진다는 것은 신약적인 개념으로는 사람을 희생하는 것이다. 우리가 형제들과의 관계를 단절해야 한다고 느낀다면 우리는 우리 잣대의 제단 위에 예수 그리스도를 다시 희생시키는 것이다. 주님의 몸과 마음을 괴롭히는 것이다. 정말 주님의 몸 안에서 연합을 이루기 원한다면 이것을 넘어서야 한다. 이것이 '몸을 분별하는 것'의 의미라고 생각한다.[7]

우리는 인성의 언덕에서 하늘의 소망을 비추고 있는가?
교회가 뜨뜻미지근하여 진정한 교회로서 제대로 기능을 하지 못할 때마다 '영적 분리주의'를 부추기는 개인과 기관과 정부의 노력이 거세어져 왔다. 우리는 우리 자신에게만 집중했고 끊임없이 '아빠의 차 뒷좌석에 앉아 다투는 일'을 멈추지 않았다. 오히려 우리는 인성의 언덕에서 하늘의 소망을 비추어야 하는 사람들인데도 말이다.
확신컨대 그리스도의 몸인 지체들이 서로 잘 어울리고 화평과 연합 가운데 살아가기 시작한다면 그때 비로소 우리는 '아버지의 일'을 할 준비가 된 것이다. 교회가 하나님의 섭리 안에서 영적인 잠재력을 총동원하여 전심으로 예배하고 활동하고 섬긴다면 어둠의 세력들은 감히 교회의 빛을 막거나 가릴 수 없다!

하늘 아버지는 단순히 방문할 곳을 찾으시는 것이 아니라 임재하여 거할 집을 찾고 계신다. 하나님이 집안에 거하시면 신성은 그의 인간 가족들과 함께 거주하시는 것이며, 그때 우리는 진정한 의미의 영적 '승리'의 정점을 경험하게 될 것이다. 요한을 통해 말씀하신 하나님의 약속이 진리임을 분명하게 보게 될 것이다.

"자녀들아 너희는 하나님께 속하였고 또 그들을 이기었나니 이는 너희 안에 계신 이가 세상에 있는 자보다 크심이라"요일 4:4.

그때 유일하게 허용되는 '영적 분리'가 있다면 그것은 하나님이 주권적으로 일하시는 것, 즉 진짜 양 무리를 염소와 늑대의 무리로부터 분리하는 것뿐이다마 7:15-23 ; 25:31-46.

CHAPTER 3 너는 왜 나처럼 하지 않니?

나와 너는 전혀 어울릴 수 없는가?

매년 나는 북미와 전 세계 수백 개의 교회와 집회에서 사역한다. 어느 모임이나 어느 문화권에 가든 변하지 않는 한 가지는 사람들이 사물을 바라보는 시각이 각기 다르다는 점이다.

집회에서 일어났던 일들을 사람들에게 말할 때면 그들이 갖고 있는 생각이 얼마나 다른지 항상 놀라게 된다. 종종 같은 자리에서 함께 예배드린 두 사람이 서로 완전히 다른 이야기를 하기도 한다.

한 사람은 이렇게 말할 수 있다. "그것은 내가 드린 예배 중에 최악이었어. 도대체 무슨 말들을 하는지 모르겠더라고. 그저 몇 시간 동안 일어서라고 하더니 모르는 노래들만 계속 부르더군. 물론 배울 생각도 없지만. 사람들은 밤새 울부짖고 떠들더라고. 아무도 내게는 말도 걸지 않으면서 말이야. 나만 빼고 다 은혜를 받은 것 같아. 하지만 나는 아무 일도 없었거든."

같은 예배 때 옆에 앉아 있던 사람은 씩 웃으면서 이런 말을 할 것이다. "그 예배는 제가 드린 가장 놀라운 예배였습니다! 하나님의 임재가 방안에 가득하여 느낄 수 있을 정도였죠. 예전에는 그렇게 부르짖어 기도한 적이 없어요. 무엇보다도 예배가 끝나고 나니 저는 완전히 새 사람이 되어 있었죠."

어떻게 두 사람 사이에 이런 극단적인 차이가 있을 수 있을까? 같은 모임에 대해 말하는 것인지 아니면 전혀 다른 모임을 말하는 것인지 알 수가 없다. 어떻게 그럴 수 있는가? 그들은 같은 모임에 참석했다. 하지만 근본적으로 다른 관점을 가지고 모임에 참석했던 것이다.

베다니의 마리아와 마르다는 이런 관점의 차이를 보여 주는 아주 좋은 모델이다. 마르다는 실제적인 것에 집중하고 영적인 것을 소홀히 한다. 반면 마리아는 오직 영적인 영역에 대해서만 집중하기 때문에 그리스도인의 삶과 섬김의 실제적인 일들에 대해 무시하거나 간과하는 것처럼 보인다.

마리아와 마르다 사이의 불일치를 해부하다

우리가 교회에서 직면하는 큰 문제들 중 하나는 마리아와 마르다가 함께 어울려 지내지 못한다는 점이다. 그러나 이 문제에 대한 해법을 제시하기 전에 먼저 마리아와 마르다 사이의 불일치를 해부해 봐야 할 것이다. 모든 문제에 대한 지혜는 기도와 묵상을 통해서 오며, 또한 삶 속에 하나님의 원리들을 바르게 적용할 때 온다.

종종 보면 마리아들은 주님의 발 아래 무릎 꿇고 있다. 그들을 식별할 수 있는 특징은 '그들의 중심이 어디에 위치해 있는가'이다. 마르다의 집에서 우리는 마리아가 예수님의 발 아래 사모함과 경배의 마음으로 자리하고 있음을 본다. 나중에 주님이 베다니 나병환자 시몬의 집에서 식사하실 때도 동일한 상황이 그대로 재현된다. 매번 그녀는 그 자리를 지키기 위해 비난과 야유를 감수하면서도 주님께 자신의 선물을 쏟아붓는다눅 10:38-40 ; 요 12:1-8.

마르다는 어떠한가? 부엌에서 섬기던 마르다가 상당한 위세로 말하는 것을 본다. "아니, 예수님은 저를 별로 좋아하지 않으시는군요. 주님은 마리아만 좋아합니다." 그러나 성경을 살펴보면 그것이 사실이 아님을 알게 될 것이다. 요한은 예수님이 나사로가 아프다는 소식을 들으신 상황을 "예수께서 본래 마르다와 그 동생과 나사로를 사랑하시더니"요 11:5라고 전한다. 그 위기의 순간에 예수님은 마르다를 생각하셨다. 마리아는 그 문장에서 이름이 언급되지도 않았다.

적지 않은 성경학자들은 마르다를 비난한다. 설거지거리에나 집착하고 부엌이 우선순위라고 고집하기 때문이다. 동일한 이유로 오늘날 많은 어머니가 같은 이야기를 듣고 있다. 오늘날 사람들이 이렇게 말하기 때문이다. "설거지거리는 나중에 닦을 수 있지만 어린 자녀들이 품에 있는 것은 잠깐이다."

하지만 마르다의 가장 큰 문제는 어지러워진 부엌이나, 씻다 만 채소나, 중단된 식사 준비가 아니었다. 무엇보다 문제는 마리아를 향한 태도였다.

오늘날의 마르다도 오늘날의 마리아에 대한 태도로 씨름한다

현대의 마르다도 동일한 문제에 직면해 있다. 그들에게 삶의 '십자가'는 그 어떤 것보다 교회에서 만나는 '오늘날의 마리아'에 대한 태도 문제다. 아마도 마르다는 마리아의 헌신이 정도가 지나쳐서 예수님을 맹목적으로 사랑하는 데까지 갔다고 느낄 것이다. 분명 지혜로운 선생이신 예수님은 집안의 장녀이자 주방장인 마르다의 입장을 이해하고 계셨을 것이다. 진실은 예수님이 마르다의 입장을 이해하시기는 했지만, 그렇다고 그녀의 근시안적인 우선순위를 받아들이지는 않으셨다는 것이다.

예수님이 베다니에 도착하여 마리아와 마르다의 집에 들어가실 때 그들은 지금이 예수님의 인성을 대접할 때인지 예수님의 신성에 경배할 때인지 몰랐다. 때로 주님은 그냥 '빵 한 조각과 국물'에 족하셨다. 그러나 때로는 하나님으로 영접받으셔야 했다. 때로 마르다는 인자의 가장 급한 필요를 채워 드리기 위해 가정식 식탁과 편안한 잠자리와 깔끔하고 조용한 집 분위기를 주님의 인성에 제공해 드렸다. 그러나 때로 하나님의 아들이신 주님은 마리아의 섬김을 고대하셨다. 마리아는 주님의 신성을 섬기는 데 은사가 있었다.

이런 이유 때문에 마리아와 마르다의 집을 보면 오늘날 평범한 우리도 부활하신 주님의 두 가지 성품을 어떻게 해야 성공적으로 섬길 수 있는지 알게 된다. 한편으로는 주님의 분명한 임재와 그 신성을 예배하고 추구하며, 다른 한편으로는 지상에서의 주님의 몸된 교회와 그 인성을 섬겨야 하는 것이다.

마리아와 마르다 모두 예수님을 사랑했고 주님의 방문과 우정을 기뻐했다. 그러나 두 사람은 어울리지 못할 때가 있었다. 만일 그들이 하나 되어 함께 일하기를 거부한다면 주님의 신성과 인성을 동시에 만족시키는 일은 사실상 불가능하다. 그러면 두 사람 사이에는 왜 이런 긴장이 생기는가? 예수님이 마르다의 집에서 겪으셨던 사건에서 그 실마리를 발견할 수 있을 것이다.

"그들이 길 갈 때에 예수께서 한 마을에 들어가시매 마르다라 이름하는 한 여자가 자기 집으로 영접하더라. 그에게 마리아라 하는 동생이 있어 주의 발치에 앉아 그의 말씀을 듣더니 마르다는 준비하는 일이 많아 마음이 분주한지라. 예수께 나아가 이르되, 주여 내 동생이 나 혼자 일하게 두는 것을 생각하지 아니하시나이까. 그를 명하사 나를 도와주라 하소서" 눅 10:38-40.

정반대의 두 성격은 서로를 거부한다

마리아와 마르다는 그저 '다르다'고만 말할 수 없다. 그들은 서로 다른 성격 때문에 서로를 거부한다! 이런 일이 일어나면 예수님이 베다니에 자주 오실 수 있는 분위기를 만들기 어렵다.

누가가 기록한 사건에서 예수님은 중재자가 되어 마르다와 마리아가 드러낸 극단적으로 다른 두 성격에 균형과 평화를 가져다주셨다. 주님은 나사로의 두 누이들의 섬김에 모두 고마워한다는 것을 분명히 표현하셨다.

인성을 가지신 주님은 '마르다의 사역'을 존중하고 기뻐하셨지만, 신성을 가지신 주님은 '마리아의 사역'에서 우리의 영원한 사명이 정점을 이룬다고 보셨다. 마리아와 마르다가 한집에서 같이 사는 한, 둘 사이에는 역동적인 긴장이 있기 마련이다. 양극단이 한집에 살 때는 예수 그리스도의 중재가 있어야 화목할 수 있다.

전형적인 지역교회에서 마르다와 같은 사람들은 종종 이런 의문을 갖는다. "도대체 '저 마리아'는 왜 여기 부엌에 와서 나를 돕지 않는 거지? 그렇게 영적인 척하려면 여기 몸소 와서 가난한 사람들을 먹이고 헐벗은 사람들을 입히는 일을 도와야 하지 않겠어? 정말 그렇게 영적인 사람이라면 바닥에서 일어나 흐느껴 우는 것을 그만 멈추고 정말 상처받은 사람들을 도와야지."

교회 안에 마리아와 같은 사람들은 이렇게 혼잣말을 할 것이다. "'저 마르다'가 음식 만드는 일은 이제 잊었으면 좋겠어. 정말 영적으로 갈급하면 먹을 생각조차 없다는 것을 알아야 할 텐데. 나는 마르다가 부엌에서 나와서 여기 이곳에 오면 좋겠어. 앞치마를 던져 두고 예수님 앞에 무릎을 꿇어야 해. 그녀에게 필요한 것이 있다면 하나님의 임재 가운데 그저 단순하게 기도하는 거야. 그렇게 기도할 때 육체적인 섬김에서 세속적인 색채를 벗겨낼 수 있을 거야."

사실 예수님이 그 집에서 진정으로 평안함을 누리시려면 양쪽 사역이 다 필요하다. 주님은 부활하셨다. 그러나 여전히 우리 가운데 거하시며 때로 '강한' 임재를 나타내신다. 주님은 우리 머리이시며, 교회인 우리는 이 땅에서 그분의 몸이다. 주님은 지상에서 사역하실 때 신이자 인간으로서 안식처를 찾기 힘드셨는데, 오늘날에도 여전히 그분은 신성과 인성을 똑같이 편안하게 섬김받으실 장소를 찾고 계신다.

우리 가운데 그분이 거하시는 것을 방해하는 최대 장애물은 교회 안에서 결코 평안하게 지내지 못하는 마리아와 마르다들이나.

내가 영적으로 죽은 것인가, 그들이 다른 무언가를 보는 것인가?

"오, 하나님이 여기 계십니다! 보십시오!"

이렇게 말하는 사람들만큼 나를 혼란스럽게 하는 사람들도 없다. 도대체 하나님은 '어디에' 계시다는 말인가? 내가 영적으로 죽은 것인가, 아니면 그들이 정말 거기 없는 무언가를 보는 것인가? 물론 때로는 사람들이 정말로 하나님의 분명한 임재를 느낄 때가 있다. 그럴 때면 나는 그들에게 어디냐고 묻는다. 왜냐하면 그분을 발견하기 위한 방향과 지침을 원하기 때문이다. "어디인가요? 말해 보세요! 나도 그분을 느끼기 원합니다. 그분을 알기 원합니다." 요한복음에 나오는 헬라인들처럼 하나님을 찾는 사람이 되어 나는 겸손하게 말한다. "선생님, 예수님을 뵙기 원합니다"요 12:20-21 참조.

마리아의 최대 은사는 주님이 집에 계실 때 주님께만 오로지 집중하는 것이었다. 하지만 현대판 마리아들은 우리 세대의 '차선'에 만족해 가고 있다. 나는 「다윗의 장막」토기장이에서 이 점을 언급했다.

그리스도의 신부 된 교회는 왕궁에서 왕 없이 사는 것에 익숙해져 가고 있다. 교회가 첫사랑에 대한 열정과 갈망을 회복한다면 왕이신 주님이 궁전에 나타나시지 않는 한 결코 만족할 수 없다.

'현대판 마리아'도 하나님의 분명한 임재의 '실재'를 맛보고 나면 주님을 섬기는 기름 부으심의 자리, 최고의 자리로 들어간다. 그러나 주님이 계시지 않는 곳에서 '엎드려 절하는 마리아들'은 엉뚱한 곳에 영적인 열정을 쏟아붓고 거짓 부흥을 추구함으로써 큰 폐해를 일으킬 수 있다. 특별히 '현대판 마르다'가 교회에서 죄의식을 느끼도록 만들 때 그 폐해가 크다. 심한 경우 마리아들은 마르다들을 향해 '주님을 감지하지 못하고 사람을 섬기고 준비하는 일에 마음을 빼앗긴다'고 정죄하기 때문이다.

우리에게는 현실적인 마르다들의 영적인 섬김이 필요하다

마리아의 최대 약점은 예수님의 인성을 섬기는 데 마르다가 갖는 핵심적인 역할에 대한 부정적인 감정 내지 이해 부족일 것이다. (사실 '현대판 마르다'들의 사역은 예수님이 사람들에게 그분의 임재를 나타내시도록 섬기는 것이다.) 내 친구 중에는 이전 세대에 하나님을 열망했던 사람들의 기록을 담고 있는 기독교 신비주의에 열정을 보이는 학생이 있다. 그가 내게 말해 준 '사막 교부' 아바 실바누스Abba Silvanus의 이야기는 현실적인 마르다들의 영적인 섬김이 필요함을 명백하게 보여 준다.

한 사제가 시내산에 거하는 아바 실바누스를 만나러 갔다. 그는 그곳에서 열심히 일하는 수사들을 발견하고 한 노인에게 말했다. "썩는 양식을 위해 일하지 마시오요 6:27. 마리아는 좋은 편을 택하였습니다"눅 10:42.

그러자 노인은 제자 한 사람에게 말했다. "사가랴, 저 사제에게 책 한 권 외에 아무것도 주지 말고 방에 들어가게 해라." 그렇게 아홉 시간이 흐르자, 방문 온 사제는 누군가 와서 식사하러 오라고 말하지 않을까 기다리며 문을 바라보고 있었다.

아무도 그를 부르지 않자 그는 일어나 노인을 찾아가서 말했다. "수사들이 오늘은 식사하지 않았습니까?" 노인은 이미 식사를 했다고 말했다. 그러자 그는 물었다. "그러면 왜 저를 부르지 않았습니까?" 그때 노인은 말했다. "당신은 영적인 사람이라 그런 종류의 음식이 필요 없지 않습니까. 우리는 육적이라 먹기를 원하고 그래서 일합니다. 당신은 좋은 편을 택하였으니 하루 종일 책을 읽고 육적인 음식 먹기를 원치 않았던 것 아닙니까?"

사제는 이 말을 듣고 엎드려 말하였다. "부디 저를 용서해 주십시오." 이에 노인이 말했다. "마리아에게는 마르다가 필요합니다. 마리아가 칭찬받을 수 있었던 것은 실로 마르다 때문이지요."

비전을 보는 사람과 실천하고 행동하는 사람

마리아와 마르다가 어울리기 힘든 이유는 그들이 세상을 전혀 다른 관점에서 보기 때문이다. 마리아는 비전을 보는 사람인 반면 마르다는 계획을 세우고 실천하고 행동하는 사람이다.

마리아는 영원을 바라보는 이상주의자인 반면 마르다는 땅에 서 있는 현실주의자다. 솔직히 주님이 계속 머무시기 적합한 집을 세우려면 양쪽에 모두 기름 부으심이 필요하다. 이 점이 아직도 의심된다면 이 질문에 답해 보라. "나에게 가장 필요한 사람은 비전을 보는 사람인가, 실천하고 행동하는 사람인가?" 당신이 어느 쪽을 선택하든 어떤 계획도, 어떤 소망도, 어떤 비전도 '양쪽' 진영의 사람들이 모두 제대로 움직이고 협력하지 않는다면 완성되지 못할 것이다.

만약 당신이 건축업자에게 3층짜리 건물을 원하는데 "이게 내가 원하는 것입니다. 나는 설계자나 시공자 둘 중 한쪽에만 투자할 것입니다. 원하는 쪽을 하나만 선택한 다음, 건물을 완성하는 데 얼마나 걸릴지 알려 주시기 바랍니다"라고 말한다면 어떻게 되겠는가? 그 건축업자는 아마 당장 고개를 저으며 떠나 버릴 것이다.

우리의 과제는 예수님의 발자취를 따라가서 마르다가 마리아의 입장을 이해하도록 하는 것이다. 물론 거꾸로도 이해하도록 해야 한다. 마치 예수님은 제자들에게, 바리새인들과 법률가들에게, 그리고 마리아와 마르다들에게 끊임없이 상기해 주고 계신 것 같다. "그래, 너는 나의 자녀란다. 그러나 이 사람도 너와 다르지만 나의 자녀란다."

그리스도인의 삶에서 우리가 가진 차이점들을 드러내는 또 다른 측면이 있다. 우리 각자가 예수님의 친구가 되려면 대가를 지불해야 한다. 왜냐하면 우리는 주님의 '시계'와 뜻에 따라 움직이는 것이지, 우리의 생각에 따라 움직이는 것이 아니기 때문이다.8 만약 당신이 마리아와 마르다의 오라비 나사로에게 이렇게 물어본다면 어떨까? "나사로, 죽은 자들 가운데 일으킴을 받았는데, 어땠습니까?" 그러면 나사로는 아마 이렇게 대답했을 것이다. "아, 대단한 일입니다! 하지만 '죽는 것'은 별로 좋지 않았죠."

영원한 목적을 위해 일시적인 편의를 희생시키실 수 있다

나사로가 우리에게 말해 주는 것은 무엇인가? 하나님은 그분의 영원한 목적을 이루시기 위해 당신의 일시적인 편의나 안

락함을 희생시키실 수 있다는 것이다. (그리고 마침내는 그렇게 하는 것이 유익하다는 것도 말해 주실 것이다.) 마르다는 어느 날 예수님이 그녀의 집에 찾아오셨을 때 알게 되었다. 장식까지 곁들인 네 번에 걸친 코스 요리를 준비하고픈 그녀의 세심한 계획은 내려놓아야 한다는 것을. 마리아는 직감으로 마르다가 어렵게 배워야 할 점이 무엇인지 알았다. 그것은 그들이 하나님의 시간대에 있다는 것이었다. 그리고 그들이 자신의 시간대에서 계획할 법한 모든 것들은 잠시 멈춰져야 한다는 것이다.

두 자매 모두 나사로가 병들어 죽었을 때 하나님의 때와 우선순위에 대해 훨씬 더 힘든 교훈을 배워야 했다. 그들의 시간표대로라면 예수님은 모든 하나님 나라의 일들을 내려놓고, 아버지의 계획들을 연기하며, 모든 것을 중단하고, 베다니로 달려와서 자기 오라비를 고쳐 주셔야 했다. 그래도 나사로는 주님의 친구가 아닌가?

그들의 집에 머무시면서 가정 식탁에서 함께 식사하셨던 바로 그 선생님이자 친구이신 주님이 그곳에 오는 일정을 하루라도 연기한다는 것은 생각하기 어려운 일이었다. 주님이 오시지 않음으로 나사로가 고통을 겪게 된다는 것은 그들의 이해로나 우리의 이해로도 감당하기 어려운 일이었다. 예수님이 나사로의 소식을 듣고도 나사로가 장사된 이후까지 머뭇거리셨다는 사실을 알았다면 그들은 거의 참을 수 없었을 것이다요 11:1-17.

마르다는 혼자서 모든 일을 처리했다

마침내 예수님이 베다니로 향하는 길에 모습을 드러내셨을 때 마르다는 기다리고 있을 수 없었다. 마르다는 혼자서 모든 일을 처리했으며 예수님이 베다니에 들어서기 전에 길에서 예수님을 만나기 위해 계속되는 장례 모임도 뒤로했다.

마리아는 장례식장을 떠나지 않았다. 그 순간만큼은 슬픔에 빠져 주님의 손길을 구하는 것조차 거절했다. 그녀의 고통이 너무나 컸을 수도 있고, 아니면 오라버니는 무덤에 있는데 주님이 오신다고 즐거워하기에는 주님의 오심이 너무 지체되어 크게 실망했을 수도 있다.

예수님은 베다니의 두 자매에게서 서로 다른 영접을 받으셨다. 그들의 말을 보면 일부분은 같지만 실상 완전히 다른 입장에서 간청한다는 것을 알 수 있다. 먼저 마르다의 말을 보자.

"마르다는 예수께서 오신다는 말을 듣고 곧 나가 맞이하되 마리아는 집에 앉았더라. 마르다가 예수께 여짜오되, 주께서 여기 계셨더라면 내 오라버니가 죽지 아니하였겠나이다. 그러나 나는 이제라도 주께서 무엇이든지 하나님께 구하시는 것을 하나님이 주실 줄을 아나이다. 예수께서 이르시되, 네 오라비가 다시 살아나리라. 마르다가 이르되, 마지막 날 부활 때에는 다시 살아날 줄을 내가 아나이다. 예수께서 이르시되, 나는 부활이요 생명이니 나를 믿는 자는 죽어도 살겠고 무릇 살아서 나를 믿는 자는 영원히 죽지 아니하리니 이것을 네가 믿느냐 이르되 주여 그러하외다. 주는 그리스도시요 세상에 오시는 하나님의 아들이신 줄 내가 믿나이다. 이 말을 하고 돌아가서 가만히 그 자매 마리아를 불러 말하되 선생님이 오셔서 너를 부르신다 하니"요 11:20-28.

주님은 실제적인 필요를 채우기 위해 우리의 억측을 무시하신다

마르다는 예수님이 베다니에 이르시기도 전에 그분을 만나러 갔다. 이것은 '행동 지향적인 마르다들'의 전형적인 모습이다. 주님을 맞이할 때 평강 가운데 마음의 짐을 주님 발 앞에 내려놓는 모습과는 거리가 멀다. 마르다는 마땅히 표현해야 할 겸손함을 다 생략해 버리고 대담하게 주님 면전에 말한다. 그녀의 말에는 주님께서 판단 착오를 하셨든가 우선순위를 혼동하셨다는 암시를 담고 있다.

예수님은 마르다에게 은혜와 자비를 보이셨지만, 그녀의 실제적인 필요를 채우기 위해 마르다의 모욕적인 억측을 무시하셨다. 나는 그분이 지금 이 시대에도 우리의 실제적인 필요를 채우기 위해 우리의 억측을 무시하시는 것에 감사한다.

예수님은 마르다에게 필요한 것이 무엇인지 알고 계셨다. 그녀는 자신이 충실하게 섬겼던 예수님의 인성을 넘어서서 예수님의 신성을 제대로 감지하고 영접해야 했다. 주님은 마르다에게 말씀하셨다. "나는 부활이요 생명이다!" 그리고는 이것을 믿느냐고 물으셨다. 그 순간 마르다는 예수님의 제자 베드로의 고백과 흡사한 고백을 드렸다. "주여 그러하외다. 주는 그리스도시요 세상에 오시는 하나님의 아들이신 줄 내가 믿나이다"요 11:27.[9]

하나님이 분명한 임재로 당신의 '집'에 임하셔서 진정한 부흥과 부활의 능력을 보이시는데도 몇몇 사람들이 나와서 주님께 마음이 상하거나 기분이 나빠서 주님을 맞이하지 않는다 하더라도 놀라지 말라! (그들이 화나거나 마음이 상하는 것은 보통 자신들이 원할 때 기대하던 장소에 그분이 오지 않았다는 이유 때문이다. 어떤 사람들은 심지어 주께서 그들이 예상하던 방식으로 임하지 않으셨다는 것 때문에 화를 내기도 한다.)

"[마르다가] 이 말을 하고 돌아가서 가만히 그 자매 마리아를 불러 말하되 선생님이 오셔서 너를 부르신다 하니, 마리아가 이 말을 듣고 급히 일어나 예수께 나아가매, 예수는 아직 마을로 들어오지 아니하시고 마르다가 맞이했던 곳에 그대로 계시더라. 마리아와 함께 집에 있어 위로하던 유대인들은 그가 급히 일어나 나가는 것을 보고 곡하러 무덤에 가는 줄로 생각하고 따라가더니, 마리아가 예수 계신 곳에 가서 뵈옵고 그 발 앞에 엎드리어 이르되, 주께서 여기 계셨더라면 내 오라버니가 죽지 아니하였겠나이다 하더라. 예수께서 그가 우는 것과 또 함께 온 유대인들이 우는 것을 보시고 심령에 비통히 여기시고 불쌍히 여기사"요 11:28-33.

마리아가 마침내 슬픔 가운데서 일어나 평강의 왕이신 주님을 만나러 갔을 때 그녀는 마르다와 똑같은 말을 했다. (하지만 그녀는 먼저 깨어진 마음과 겸손함으로 주님 발 앞에 엎드렸다.) 그리고 그 결과는 완전히 다른 것이었다.

예수님은 마르다에게 하신 것처럼 마리아의 믿음을 굳게 하거나 일부러 그녀의 신앙고백을 들으려고 하지 않으셨다. 분명 마리아의 믿음은 인간적인 친분보다도 영적인 관계에 기초하고 있었기 때문이다. 예수님은 마리아가 이미 겪고 있는 고통을 당장 해결하지 않으셨다. 그분은 장차 십자가에서 나타내실 아버지의 부활의 능력을 보여 주시기 위해 나사로의 죽음 이후에 나타나신 것이다.

마리아는 주님께 아무것도 구하지 않았다. 다만 주님의 발 앞에 엎드려 깨진 마음을 쏟아 놓았을 뿐이다. 마리아의 눈물과 아픔을 마주하신 예수님은 다시금 주님의 인성을 드러내시며 친구들과 행인들 앞에서 눈물을 흘리셨다요 11:35. 그리고 신성 가운데 일어나사 죽으면 부패하는 자연 법칙을 깨뜨리시며 마리아와 마르다의 죽은 오라비를 살려내셨다.

확신컨대 마리아는 그들의 삶을 영원히 바꾸어 놓을 뭔가 '큰일'이 일어날 것이라는 조짐을 성령의 감동으로 마음에 품었을 것이다. (다만 인생이 얼마만큼 변할 수 있는지 상상할 수 없었을 뿐이다.) 사실 예수님은 자신의 임박한 죽음에 대해 수백 명의 사람들에 힌트를 주셨지만, 그중에 알아들은 사람은 마리아 한 사람뿐이었을 가능성이 높다. 제자들 중에서는 예수님이 체포되

시기 전에, 아니 그 후에도 그 말을 알아들은 사람이 전혀 없었다.[10]

마리아와 마르다는 다르지만 두 사람 다 필요하다

마리아는 경배와 신앙의 자리로 몸이 기울었다. 반면 마르다는 섬김과 봉사의 자리를 선천적으로 선호했다. 그렇다. 마리아와 마르다는 다르다. 하지만 두 사람이 다 필요하다. 성경은 말씀한다. "행함이 없는 믿음이 헛것인 줄을 알고자 하느냐"약 2:20. 마르다는 본능적으로 헐벗은 자를 입히고자 노력할 것이다. 그러나 마리아는 헐벗은 자를 위해 기도만 할 가능성이 높다. (오히려 눈을 감고 그들의 벌거벗은 모습에 시선을 빼앗기지 않으려 할지 모르겠다.)

내가 서부 아프리카의 세네갈을 방문했을 때 수님은 내게 마리아와 마르다의 또 다른 차이점을 보여 주셨다. 세네갈은 아프리카의 최대 사막인 사하라 사막에 인접한 매우 건조한 사막 지역에 위치해 있다. 그곳에서 선교 주관 단체에 속한 한 사람이 말했다. "이곳에서 침례를 주려면 스케줄을 잡아야 합니다. 왜냐하면 물을 끌어와야 하니까요. 마을 안에는 침례를 주기 위한 물을 사용할 만큼 넉넉한 수자원이 없습니다."

침례를 줄 때가 되자 그들은 소형 트럭 짐칸에 250리터 용량의 물통을 싣고 마을들을 돌기 시작했다. 누구든 침례를 받기 원하는 사람은 그 물통 안으로 기어들어 가야 했다. 그리고 물에 잠겨야 할 때면 집례자는 침례 받는 사람을 물속으로 밀어넣었다. 그리고 나면 잠시 후 사람이 도깨비 상자처럼 꽉 튀어나오는 것이다.

나는 이 장면을 마리아와 마르다의 문맥에서 생각하다가 재미있는 결론에 도달했다. 당신이 오늘날의 마리아라면 선교사들이 방금 전에 했던 것처럼 물을 가지고 마을로 갔을 것이다. 물론 그들이 마실 만한 여유 분량의 물은 전혀 없다. 그래도 어쨌든 주님과 세례로 연합하는 것이 주요 관심사일 것이다.

그러나 당신이 오늘날의 마르다라면 분명 당신은 그 마을에 깨끗한 물을 공급하는 일에 더욱 관심이 있을 것이다. 그 불모의 땅에 사람들이 마실 물을 줄 수 있기 때문이다.

마리아와 마르다의 계획이 연합하도록 만들라

나에게 결정권이 주어진다면 결심컨대 나는 마리아와 마르다의 계획이 연합하도록 만들 것이다. 트럭에 250리터 용량의 물을 가득 싣고 마을에 가는 것은 합리적으로 보인다. 모든 사람이 침례를 받고 마지막 사람이 빠져나오고 나면, 물통 밑에 장작을 놓고 불을 피우면 좋겠다. 그리고 살균될 정도로 충분히 물을 끓인 후에 깨끗하게 살균된 천을 팽팽하게 당겨서 그 사이로 물을 통과시켜 작은 물통에 담아 식용수로 나눠 주는 것이다. 이렇게 한다면 교회는 침례 예식에 순종함으로 복을 받을 뿐 아니라, 동시에 교회 안에 있는 사람들에게도 복이 될 것이다. 침례를 위한 물과 식용을 위한 물이 하나가 된 것이다.

마리아와 마르다 사이에는 일종의 역동적인 긴장감이 있다. 아마도 '다른 점'을 열거하기 시작하면 밤을 새야 할 것이다. 하지만 나는 예수님이 언제나 그 관계의 역동 한가운데에서 우리를 만나 주심을 믿는다. 마리아와 마르다가 항상 어울리는 것은 아니어도 하나님은 두 사람이 대립된 상태로 지속되기를 원치 않으신다. 하나님은 마리아와 마르다가 한집에서 조화롭게 일하며 주님 발 앞에서 차이점들을 맞춰갈 때 가장 기뻐하신다.

CHAPTER 4 # 날 좀
내버려 둬!

나는 나대로 그는 그대로 놔두라!

하나님은 우리를 그분의 형상대로 지으셨다. 그것은 '우리 자신의' 형상이 아니었다. 우리가 다른 사람으로 하여금 우리 자신의 형상에 맞추도록 강요하는 일을 하나님은 허락하신 적이 없다. 하지만 다른 사람을 자신의 형상에 맞추기를 너무나 좋아하는 많은 사람이 이런 생각을 경건한 '사역'으로 채택해 왔다.

내게 주례 부탁을 해 오는 많은 신랑처럼 나도 결혼할 당시 아내를 보며 이런 생각을 했다. '정말 멋진 여자야. 내가 아내를 다 훈련시키고 나면 정말 더 대단해질 거야.'

우습다고 여길지 모르지만 그때는 아내가 나에게 맞추면 된다고 생각했다. 지금 돌아보면 지난 시간 동안 실제로 누가 '훈련'을 받았는지 모르겠지만, 처음부터 아내와 나는 서로 다른 부분을 받아들이는 연습을 해 왔다. 나는 모임에서 종종 사람들에게 말한다.

"저는 완전히 가정적으로 길들여졌고 모든 훈련을 받았습니다. 사실 아내가 저에게 '잘생겼다'고 말할 때, 그 말이 무슨 의미인지 저는 정확하게 압니다. 그 말은 곧 '잘 챙겨 주라'는 뜻입니다."

그러니 누가 누구를 훈련했는지 짐작하겠는가?

내가 만약 아내를 나처럼 논리적이고 분석적인 사람으로 '훈련'했다면 어땠을까 상상해 보았다. 실제로 지금까지 아내를 '나의 형상'에 맞추려는 노력들 때문에 아내는 매우 혼란스러워했다. 더불어 나도 더욱 혼란스러웠다는 것을 깨달았다.

아내가 나와 다른 것에는 매우 합당한 이유가 있다는 사실을 깨닫는 데 많은 세월이 필요했다. 아내가 장점이든 약점이든 나의 형상을 닮았다면 '더 좋았을 것'이라고 생각하는 것이야말로 합리적이지 못하다는 것을 깨달았다. 그 순간부터 우리의 결혼 관계는 몰라보게 활력을 얻게 되었고, 우리 두 사람 모두에게서 많은 혼란이 사라졌다.

몇 년 전 우리는 큰딸이 아내보다는 나와 사고방식이 훨씬 비슷하다는 점을 발견했다. 그래서 내가 해외에 나가거나 연락이 안 될 때 사역팀원들이 큰딸에게 궁금한 점을 물어보는 현상이 일어나는 것은 전혀 이상한 일이 아니었다. 말하자면 큰딸은 나라면 그 문제를 어떻게 접근했을지에 대한 단서를 제공해 주었던 것이다.

그녀와 나의 사고방식은 다르다

우리 사역팀원들이 공식적인 대답이 필요한 상황에서 동일한 질문을 아내에게 한다면 어떨까? 대개의 경우 아내는 내가 하는 것처럼 그들의 질문에 대해서 지혜롭고 정확하게 답해 줄 수 있을 것이다. 하지만 어떻게 그런 답을 하게 되었는지 논리적으로 설명할 수는 없을 것이고, 더군다나 나라면 어떻게 했을지 말해 줄 수도 없을 것이다. 왜 그런가? 그녀와 나의 사고방식이 완전히 다르기 때문이다.

우리가 각자의 차를 타고 도시를 가로질러 운전을 한다면 아내는 이쪽으로, 나는 저쪽으로 갈 것이다. 나는 내가 왜 특정한 경로를 선택했는지 말해 줄 수 있다. 아내가 나보다 더 빨리 그 지점에 이를 수도 있겠지만 아내는 왜 저 길 대신 이 길을 선택했는지 설명하지 못할 것이다. 만약 물어본다면 긴단하게 대답할 것이다. "모르겠어요. 늘 그렇게 가는데요." 그렇다면 내 방식이 더 나은가? 아니다. 나는 내 방식을 선호할 뿐이다.

이처럼 마르다가 마리아가 되게 하고, 마리아가 마르다처럼 움직이게 하려는 헛된 노력만큼 당신의 인생에서, 교회와 가정에서 당신을 혼란스럽게 하는 일은 없을 것이다. 다 소용없는 일이다.

만약 마르다를 일하는 현장에서 끌어내어 오랜 시간 동안 '예수님의 발 앞에' 앉아 있게 한다면 그녀는 잠시 동안 기뻐할 것이다. (당연히 마르다도 예수님을 사랑하니까.) 하지만 오래지 않아 마르다는 몸은 기도하는 자세를 하고 있어도 마음은 싱크대에 있는 그릇들로 돌아가 있을 것이다. 그녀의 머릿속은 주님을 귀하게 대접하고, 주님을 만나러 오는 손님들을 대접하기 위해 집에서 해야 하는 일들로 가득 차 있을 것이다. 그것이 그녀다운 모습이다.

그것은 그녀의 영적인 유전자다

마르다를 음식 만드는 주방에서 나오게 할 수는 있어도 다른 사람을 섬기려는 열심과 사랑에서 빠져나오게 할 수는 없다. 그것은 그녀의 '영적인 유전자'다.

마리아를 설득해서 주방에 들여 보내고 마르다가 되도록 만든다 해도, 오래지 않아 마리아는 창문이나 어깨 너머로 기도와 하나님 임재의 자리를 바라보며 말할 것이다. "저기 있으면 좋을 텐데." 당신은 그 모습을 바꾸어 놓을 수 없다.

마리아를 기도의 골방이나 예배의 처소에서 끄집어낼 수는 있어도 마리아의 심장과 품성에서 기도와 경배를 끄집어낼 수는 없다. 그것은 그녀의 '영적인 유전자'다.

우리가 다른 사람의 사고방식을 우리와 동일하게 만들 수 없다면, 진정한 의미의 연합이란 무엇인가? 하나님이 우리 각자에게 주신 은사와 재능의 가치를 아는 것이 왜 그렇게 중요한가? 나는 성경적인 연합에 대해 「하나님의 드림팀」에서 다음과 같이 말했다.

연합이란 갈등의 완전한 해소를 의미하지 않는다. 그것은 획일과 구별된다. 연합이란 원수와 함께 걸어가면서도 화해하는 것이다 마 5:25 참조. 화해는 타협이 아니다. 우리에게는 연합의 지점에 이르도록 도와주는 화해의 정신이 필요하다. 그 정신이 우리의 가슴에도 우리의 가정에도 필요하다. 또한 친구 간에도 동역자 간에도 필요하다. 그것은 어디에나 필요하다. 사탄은 모든 가능한 교차지점에 분열의 씨앗을 뿌리고 있다. 우리에게 필요한 것은 관계를 깨뜨리는 사람들이 아니라 관계를 개선시키는 사람들이다.

선행적인 준비가 주님의 방문을 이끌어 냈다

때로는 하나님의 인성을 위한 마르다의 '선행적인 준비' 덕분에 주님이 방문하실 수 있는 완벽한 분위기를 형성할 수 있었다. 성경은 말하고 있다.

"그들이 길 갈 때에 예수께서 한 마을에 들어가시매 마르다라 이름하는 한 여자가 자기 집으로 영접하더라. 그에게 마리아라 하는 동생이 있어 주의 발치에 앉아 그의 말씀을 듣더니"눅 10:38-39.

마리아가 자기 집 거실에 계신 예수님의 발 앞에 앉을 기회를 얻은 것은 마르다가 예수님을 집으로 영접하고 주님을 위해 주방에서 식사를 준비하는 수고를 했기 때문이다. 말하자면 주님을 대접하는 마르다의 사역이 주님을 예배하는 마리아의 예배에 디딤돌이 되어 주었던 것이다! 오늘날의 상황도 전혀 다르지 않다. 마리아는 마리아대로 마르다는 마르다대로 가만두어야 할 때다. 그럴 때 비로소 온전한 하나님 나라의 목적이 성취되기 때문이다.

이와 같은 마르다의 '선행적인 준비'는 신약성경에서 유일무이한 것처럼 보인다. 하지만 처음은 아니다. 그녀 이전에도 하나님의 사람을 집에 모시기 위해서 특별한 준비를 했던 여인이 있었다. 수넴이라고 불리는 마을에 살던 한 여인은 선지자 엘리사에게 '매달려서' 그녀의 집에서 식사를 하도록 설득했다 왕하 4장.

여인은 여기서 멈추지 않았다. 그녀는 선행적 준비의 다음 단계로 빠르게 이동했다. 남편을 설득해서 하나님의 사람 선지자를 위한 특별한 침실을 준비한 것이다. 그들은 이런 대화를 나눈다.

"여보, 이곳을 늘 지나는 선지자를 아시죠? 제가 잘못 본 게 아니라면 그분이 머무실 곳이 없어 보여요."

"그렇군. 그래서 어쩌려고?"

"음, 좋은 생각이 있어요. 우리집 옆에 그분을 위한 조그마한 사랑채를 세우면 어떨까요? 그분께 맞는 침상과 깨끗한 책상과 의자를 마련하면 그곳에서 메시지를 준비할 수 있을 거예요. 그리고 좋은 올리브 기름으로 촛불을 켜는 거죠. 선지자로서의 직무를 하다가 밤 늦게 들어올 수도 있으니까요."

마리아의 마음과 마르다의 능력을 가진 여인

그러면 이 이야기가 마리아와 마르다와 무슨 상관이 있는가? 일반적인 교회의 상황과는 무슨 적용점이 있는가? 수넴 여인은 마리아의 마음을 가졌다. 엘리사가 선지자로서 가지는 하나님의 임재를 귀하게 보았기 때문이다. 또한 그녀는 선행적인 준비로 하나님의 종을 초대하는 마르다의 실제적인 능력도 가졌다. 주님의 오심을 감지하고 예상하여 실제적인 방법으로 준비하는 데에는 두 종류의 기름 부음이 모두 필요하다.

일반적으로 교회에서 선호하는 사역 프로그램으로 정성껏 준비하는 것도 좋다. 그것은 마치 집에서 우리 가족이 좋아하는 음식을 차려 놓고 잔치를 준비하는 것과 같다. 좋아하는 찬양곡들을 고르는 것이다. "이 곡을 먼저 부르고 헌금 때는 솔로를 부를 것이고요, 이 음조로 세 곡을 이어 부를 겁니다." 그러나 정말 하나님의 임재가 교회에 멈춰서 머무르기를 원한다면 장소를 마련해야 할 것이다.

성령이 비둘기같이 운행하시는 때에 당신은 그분이 착지할 곳을 마련해야 한다. 하나님이 원하시는 것을 섬기기 원한다면 당신 자신의 목록은 잠시 내려놓으라. 그렇게 '선지자의 방'을 마련하는 것이다.

내가 이 주제에 대해 설교하거나 누군가 이 본문으로 설교하는 것을 들을 때마다 많은 사람이 고개를 끄덕이며 긍정하는 것을 본다. 다 좋은 것이고 잘된 것이다. 하지만 사람들은 선지자로부터 유익을 얻으려고만 하지 그의 호텔 비용을 지불하지는 않는다! 수넴 여인은 가족들이 먹던 빵을 나눠 먹는 '하룻밤의 방문'을 준비한 것이 아니었다. 그녀는 그 이상의 대가를 지불할 준비가 되어 있었다. 그녀와 남편은 선지자가 편히 머물러 거주할 수 있는 환경을 만들어 내고자 모든 노력과 재정을 들였다.

수백 년 뒤의 마르다처럼 수넴 여인은 하나님의 기름 부음을 위해 미리 준비했다. 그 결과 선지자는 그녀의 인생을 향한 하나님의 말씀을 대언하여 노년에 아들을 갖게 했고, 후에는 그 아이가 어린 나이에 죽자 다시 살려냈다. 그녀는 선지자를 위해 침상을 준비했고, 나중에 죽은 아들을 그 침상 위에 뉘었다. 그 침상은 선지자를 섬기기 위해 마련되었지만 결국 아들의 생명을 회복한 자리가 되었다. 만일 준비되어 있는 장소가 없었다면 어떻게 되었겠는가? 아마도 그녀는 평생 자녀 없이 살았을 것이다.

수넴 여인과 마르다는 '선행적인 준비'의 발자취를 이어가고 있다. 그들은 인성을 섬김으로 신성의 기름 부음을 이끌어 냈다. 하나님을 갈망하는 두 사람에게 있어서 다음과 같은 명제는 진실임에 틀림없다. "죽음이 우리 가정의 문을 두드릴 때 하나님의 종을 위해 준비해 두었던 거처가 부활의 힘을 드러냈다."[11]

어떻게 마르다와 마리아를 비교할 수 있겠는가? 무디 스튜어트Moody Stuart는 「세 명의 마리아」The Three Marys라는 책에서 "마르다는 여자 베드로이고, 마리아는 여자 요한이다"라고 말했다.

역사적으로 보자면 대부분의 교회들은 마리아보다 마르다를 더 잘 이해하고 있는 것으로 보인다. 예수 그리스도를 친밀하게 알아가는 교제가 시들어가고 그 자리를 인간적인 지식에 대한 욕구가 대신하게 되자 교회는 암흑기에 들어서게 되었다. 많은 종교 지도자에게 정치와 권력이 중심 주제가 되었다. 하나님과의 친밀감이나 하나님의 뜻에 순종하는 것은 뒷전이었다. 그럼에도 불구하고 어느 세대에나 마리아들이 있었다. 하나님을 갈망하던 그들은 하나님을 좇기 위해 처형도 오해도 심지어 죽음조차도 불사했다.

교회가 소금을 잃어갈수록 세상은 갈증을 잊어버린다

교회는 점차 은혜로 인한 구원과 주님과의 인격적인 관계에 대한 중요성을 간과했다. 그러나 인류에 봉사하는 긍정적인 측면들은 유지해 왔다. 물론 사도행전의 기적들이 일반적인 그리스도인의 삶에서 왜 더 이상 재현되지 않는지 설명하는 것보다는 가난한 자들을 돕는 것이 훨씬 쉽다. 교회는 살아계신 하나님과의 친밀한 관계를 상실함으로써 소금의 짠맛을 잃고 세상에서의 역할을 상실하게 되었다. 교회가 소금을 잃어갈수록 세상은 갈증을 잊어버리게 된다.

'신비주의자들', 즉 과거 세기의 열정적인 '마리아들'과 하나님을 갈망하던 자들은 하나님의 얼굴을 간절히 찾는 데 몰두함으로 파문과 고문과 죽음까지도 불사했다. 우리는 지금도 그들이 남긴 강력한 증언들로 영감을 얻고 있다. 그들은 처형의 불길

속에서도 하나님과의 행복한 연합을 맛보았다.

　역사를 보면 하나님은 언제나 최선을 다해 그분을 좇고 그분의 말씀대로 살았던 '소수의 남은 자'를 보존하셨다. 때로는 온 열방을 소성케 하는 거대한 부흥과 회복의 운동을 일으키시고 모든 세대에 그분의 임재의 빛을 회복하시기도 했다. 하나님은 동일한 일을 우리 세대에서도 행하신다!

　마르다에게도 마리아가 필요했던 이유는 '가장 좋은 것'을 선택하는 것이 무엇인지를 마리아 덕분에 알 수 있었기 때문이다. 반면 마리아는 마르다를 통해서 그녀의 믿음과 영적 친밀감이 주변의 상처 가운데 있는 사람들을 향한 진실한 사랑의 손길로도 이어져야 함을 알게 되었다. 마르다가 없었다면 마리아는 사회에서 분리되어 금욕주의의 굴을 파고 들어가고 싶은 유혹을 받았을지 모른다. 그러면 아무도 도울 능력이 없는 것이다. 어떤 교회이든 하나님의 목적을 풍성하게 이루려면, 마리아는 마리아가 되게 하고 마르다는 마르다가 되게 하여, 서로 돕는 관계가 되도록 해야 한다.

열심히 섬기는 마르다는 조용히 예배하는 마리아를 무시한다

　오늘날 이 주제에 관해서 우리가 당면한 최대 과제는 마르다와 마리아에게 어떻게 하면 서로의 사역을 인정하고 감사하도록 가르칠 것인지 하는 것이다. 타고난 성격상 마르다는 '책임감'이 강하고 사회적인 상황이나 관계에서 훨씬 적극적이다. 그래서 열심히 섬기는 마르다는 조용히 예배하는 마리아를 쉽게 무시할 수 있다. 둘 사이에 적절한 지침이나 중재가 없다면 마리아는 이내 압도되어 파묻히고 말 것이다. 마르다의 사람을 섬기는 열심과 헌신이 매우 열성적이기 때문이다. 무디 스튜어트는 마르다에 대해 이렇게 말했다.

마르다는 온통 책임감으로 가득하다. 좋은 부분이든 나쁜 부분이든 간에 이것이 마르다의 성격 전반에 스며들어 있다. 책임감은 그녀의 내밀한 세계의 일부분이다. 그녀는 마음으로 손으로 입으로 책임을 진다. 그녀는 자기 가정을 책임지고 오라비의 무덤을 책임지고 여동생을 책임지고 그녀의 주님까지 책임지려 한다. 그녀는 주님을 위한 저녁 식탁 준비로 바쁘게 손을 움직였다. 너무나 빠른 손놀림이어서 동생이 할 일이 거의 없을 정도였다. 누구도 그녀처럼 잘할 수 없었다. 하지만 마리아는 여전히 그녀에게 책임거리였다.

후에 마르다는 예수님의 신성에 대한 마리아의 섬김의 능력이 가치가 있음을 깨달은 것으로 보인다. 그렇게 봐야만 나사로가 죽은 이후에 마르다가 '자리를 마련했던 일'이 이해가 된다. 그녀는 마리아에게 사람을 보내서 주님이 "너를 부르신다"고 전했다. 그녀가 마리아를 불러온 것은 예배와 사모함과 부드러운 관계로 주님께 겸손히 다다가는 마리아의 접근법이 필요했기 때문이 아니었을까? 왜냐하면 자신이 성급하게 도전하면서 믿는다고 말은 했지만 결국 실패했기 때문이다. 그녀는 주님을 베다니에 더 가까이 모시기 위해서는 마리아의 접근법이 필요하다고 생각했던 것 같다.

마르다는 예수님 안에서 그동안 원하던 것을 발견했다

이 글을 쓰는 목적은 '행위 지향적인' 마르다를 비난하려는 것이 아니다. 오히려 마르다가 마리아의 기름 부음에 대해 이해하고 감사하게 된 것을 강조하려는 것이다. 마르다도 자기의 방식대로 하나님을 열정적으로 갈망하는 여인이었다. 처음에 그녀는 이렇게 생각했을 것이다. '예수님은 매우 굶주린 어부들과 세리들과 다양한 제자들을 한 무리 데리고 다니며 말씀을 전하는 랍비인가 보다.'

하지만 오래지 않아 그녀는 예수님 안에서 무엇인가를 발견했다. 그것은 그녀가 어떤 대가를 치르고라도 그녀의 집에 예수님을 모시기 원했던 간절한 그 무엇이다. 물론 아직 주님이 요구하시는 영접의 양면성을 다 이해하지는 못하고 있었을 때다.

마리아 또한 누이의 능력에 감사했음에 틀림이 없다. 물론 능력 있는 누이 때문에 곤혹스럽기도 했지만 말이다. 당신은 이런 질문을 해보았는가? "마리아가 예수님께 부은 귀한 향유 옥합을 사기 위해 '노동자 일 년치에 해당하는 돈'을 어떻게 모았을까?"

마리아는 결혼도 하지 않았고 장사도 하지 않았다. 마리아는 병들어 있던 오라비와 함께 언니 집에 살았기 때문에 마리아의 과거가 어떻든 간에 그녀가 가진 돈의 합당한 출처는 마르다였을 가능성이 크다.[12]

사도 요한은 마리아가 값비싼 향유를 예수님께 붓고 그녀의 머리카락으로 닦은 것이 적어도 두 번인 것을 명시하고 있다. 한번은 오라비 나사로가 쓰러지기 전이었고 또 한번은 예수님의 죽음과 부활 직전 베다니에 있는 나병환자 시몬의 집에서였다.[13]

마리아와 마르다가 처음 등장했을 때 둘 사이의 긴장감은 극에 달해 갈등이 표면화된 상태였다. 문제의 발단은 두 자매가 기름 부음에 대한 서로의 관점이 소중함을 인정하지 않았기 때문이었다. 두 번째 등장에서 두 자매는 나사로를 잃은 슬픔으로 하나가 되어 있었지만, 여진히 슬픔을 표현하고 위로를 찾는 방식은 전혀 달랐다.

주님의 임재 가운데 두 가지 기름 부음이 있어야 한다

마리아와 마르다가 복음서에서 세 번째이자 마지막으로 등장할 때, 그들은 함께 주님을 섬기면서 어떤 일을 할 수 있는지 보여 주었다. 하나님은 그분의 임재 가운데 두 가지 기름 부음이 있을 때 기뻐하신다.

"유월절 엿새 전에 예수께서 베다니에 이르시니 이곳은 예수께서 죽은 자 가운데서 살리신 나사로가 있는 곳이라. 거기서 예수를 위하여 잔치할새 마르다는 일을 하고 나사로는 예수와 함께 앉은 자 중에 있더라. 마리아는 지극히 비싼 향유 곧 순전한 나드 한 근을 가져다가 예수의 발에 붓고 자기 머리털로 그의 발을 닦으니 향유 냄새가 집에 가득하더라"요 12:1-3.

이번에도 마르다는 여전히 일하고 있지만 사랑으로 섬기는 그녀의 모습에서 처음에 보았던 불편한 심기나 질투하는 마음은 전혀 보이지 않는다.[14] 마리아가 주님께 다가가 기름을 붓는 행동은 마르다의 축복과 지원 속에서 이루어지는 모습이었다. 이런 점에서 볼 때 방안을 가득 채운 향기는 동일한 목적과 사랑으로 연합한 마르다 집안의 세 사람의 중심에서부터 흘러나온 것이었다. 마르다는 주님의 인성을 섬겼고, 나사로는 주님의 영혼을 섬겼으며(마침내 나사로는 개인적인 관계 속에서 예수님이 가실 길에 대해 새롭게 알게 되었다), 마리아는 주님의 신성을 섬겼다(하나님의 어린양의 육체가 갈보리 순종의 제단 위에 드려지기 전에 그 위에 기름 부은 사람은 바로 마리아였다). 결국 마르다는 주님의 인성을 섬겼고 마리아는 주님의 신성을 예배하였다.

우리가 마리아와 마르다에게서 배울 점

이 친밀하고도 명예로운 저녁 만찬이 성경에 기록된 것은 단지 아름다운 장면이기 때문이 아니라 본 이야기와 연결된 멋진 속편이기 때문이다. 다른 모든 성경의 말씀처럼 이 말씀도 "하나님의 감동으로 된 것으로 교훈과 책망과 바르게 함과 의로 교육하기에 유익"딤후 3:16하다. 다시 말해 우리는 시몬의 집에 있었던 마리아와 마르다의 섬김을 통해 배울 점이 있다.

마르다와 마리아가 그들의 은사와 재능을 온전히 드려서 자원함으로 참여하지 않는다면 그 어떤 예배도 완성되지 못할 것이다. 예수님의 말씀이 오늘날에도 동일하게 진실인 이유는 그 말씀이 도심의 뒷골목의 상처받은 사람들과 변두리 지역의 교회를 다니는 상처받은 사람들에게도 적용되기 때문이다.

"그때에 임금이 그 오른편에 있는 자들에게 이르시되 내 아버지께 복 받을 자들이여 나아와 창세로부터 너희를 위하여 예비된 나라를 상속받으라. 내가 주릴 때에 너희가 먹을 것을 주었고 목마를 때에 마시게 하였고 나그네 되었을 때에 영접하였고 헐벗었을 때에 옷을 입혔고 병들었을 때에 돌보았고 옥에 갇혔을 때에 와서 보았느니라"마 25:34-36.

마리아는 마르다를 멀리할 수 없다. 또한 마르다는 마리아를 자신의 부엌에서 몰아내거나('가장 좋은 것'의 중요성을 잊지 않는다면) 부엌으로 몰아넣거나(주님께 드리는 그녀의 예배를 저지하는 행동이다) 할 수 없다. 마리아가 마르다와 서로 연결되어 있기만 하다면, 거리로 나가거나 사람들의 필요를 채우는 일에 염려할 필요가 없을 것이다. 왜냐하면 그 현장에서 마르다는 사람들을 축복함으로써 하나님이 그녀를 축복하신다는 것을 기억할 것이기 때문이다. 마르다가 놀라운 기름 부으심 가운데 기쁨으로 섬기는 곳에서는 그 누구도 굶주리거나 헐벗지 않을 것이다.

마르다로서는 육체 노동에만 집착함으로써 인생에서 가장 소중한 것들을 상실할 염려는 하지 않아도 될 것이다. 왜냐하면 주님이 집에 들어오시는 순간 마리아가 경종을 울릴 것이기 때문이다.

"마르다, 어서 앞치마를 내려놓고 따라오세요. 주님이 당신을 간절히 부르고 있어요. 가장 중요한 것을 해야 할 시간이에요. 아버지께서 여기 임재해 계세요. 그분은 당신의 키스를 기다리고 계세요."

CHAPTER 5 날기에는 너무 무겁다

내려놓을 무거운 짐들은 무엇인가?

얼마 전에 비행기를 타려고 수속을 밟는데 항공사 직원이 굳은 얼굴로 말했다.

"선생님, 짐이 너무 많으시군요."

나는 예전에도 이만큼의 짐들을 갖고 비행기를 탔다고 항의했다.

그러자 그는 말했다.

"이 비행기는 작단 말입니다."

비행기를 포기하지 않는다면 '짐을 가볍게 해야 하는' 선택을 해야 할 판이었다.

특별한 날 우리는 마르다의 일을 따라가느라 마리아의 사역을 간과할 때가 얼마나 많은가! 우리는 마리아처럼 '최선'을 선택하지 않고 '차선'을 선택하느라 세월을 낭비할 때가 너무나 많다눅 10:42. 나쁜 것을 선택했다는 말이 아니다. 우리는 사람들의 기준으로 볼 때 '좋은' 것들로 우리의 인생을 가득 채운다. 그러나 최선이 아닐 때가 많은 것이다.

최근 있었던 휴일에 내가 '차선'의 선택을 했다는 사실을 가족들이 깨닫게 해준 일이 있다. 우리 가족은 내가 너무나 바쁜 인생을 살고 있다는 사실에 익숙하다. 내가 집에 있을 때면 매일 적어도 열 개 이상의 중요한 모임에 참석할 계획을 가지고 있고, 각국에서 걸려온 전화들에 집중해야 한다는 것을 모두가 알고 있다. 여러 가지 일을 동시에 진행하지 않으면 아무것도 진행되지 않기 때문이다. 이 글을 쓰면서도 한 달이면 핸드폰으로 평균 3천 통화를 한다.

휴일이 되기 전에는 평소보다 더 스트레스를 받는 일정을 소화해야 했다. 그러는 동안 가족들과 며칠이라도 시간을 보내기 위해 밤낮으로 열심히 뛰었다. 하지만 결과적으로는 상황이 더 악화되고 말았다.

결국 나는 가족 모두를 완전히 낙심시켰다. 가족들이 나를 일시적으로라도 '해고'해야 했을지 모른다. 하지만 그것은 너무나 힘든 일이었다. 마침내 아내와 딸들이 수화기를 들고 나의 담당 목사에게 전화를 걸었다! 아이들은 교회의 장로 한 분에게 전화한 뒤 마침내 내 사역을 담당하고 있는 뉴올리언스의 목사님에게 전화를 걸어서 말했다.

"우리 아빠 좀 어떻게 해 주세요. 아빠 때문에 속상해요!"

그분이 나를 찾아와서 너무나 친절하게 나를 '목양'해 주셨기 때문에 나는 그분이 떠나신 후에야 나를 조심스럽게 꾸짖으셨다는 것을 알게 되었다. 그분이 내게 해 주신 말씀 중에 특별히 기억나는 것이 있다.

"자네 자녀들이 내게 말한 것 중에 그들이 가장 힘들어한 것이 무엇인지 아는가? 그것은 자네의 사역이 아니라네. 자네가 하는 모든 일에는 아무 문제가 없네."

그때까지는 괜찮았지만 그다음 말에 내 마음이 무너졌다.

"가족들 말에 의하면, 자네가 가족과 함께 있을 때 그 조용한 가족과의 시간을 방해할 만한 전화인데도 거의 모든 사람의 전화를 받는다더군. 그러면서 가족들에게 그들과의 시간이 소중하다고 말한다는 거야."

그분 말씀은 사실이었다.

핸드폰 다이어트를 시작하다

담당 목사님이 떠나신 후에 나는 가족들과 이야기를 나누었고, 휴일 동안 '핸드폰 다이어트'를 하기로 선언했다. 모든 것이 순조롭게 진행되었다고 말하고 싶지만, 실제로 나의 '핸드폰 다이어트'는 다른 종류의 다이어트와 비슷한 면을 가지고 있었다. 즉 눈앞의 음식의 유혹을 이기지 못하듯이, 나는 내게 걸려온 전화를 그냥 넘기지 못한 것이다. 사역팀장이 내게 전화를 걸면 나는 조심스럽게 전화를 받아서 작은 소리로 말한다.

"지금은 말할 수 없으니까 나중에 전화할게요."

그러고는 가족 중 아무도 쳐다보지 않는 틈을 타서 살짝 아래층으로 내려가서 '핸드폰 다이어트'를 하겠다는 약속을 어기고 좀 전에 전화한 사람과 통화한다.

"아까 왜 전화했는데요? 빨리 말해 봐요."

"무슨 문제 있으세요?"

"사실 지금 내가 핸드폰 다이어트 중이거든요."

우리는 하나님께도 똑같은 잘못을 범한다. 하나님께는 하나님의 임재가 너무나 소중하다고 말하지만 다른 누군가 '전화'를 걸면 예배하다가 말고 일어나서 인간적인 노력의 '부엌'으로, 아니면 종교적인 방식의 '부엌'으로 달려가 버린다.

어쨌거나 하나님은 그저 웃으시면서 (나의 아내와 아이들도 그랬던 것처럼) 가끔은 어깨에 손을 대며 말씀하실 것이다.

"아들아 너무 무리하고 있구나. 가끔은 사람들과의 영역에 연결된 '마르다 핸드폰'을 꺼 두어야 한다. 그냥 한적한 곳에 가서 나와 함께 시간을 보내는 법을 배워야 한다."

때로는 '이것'을 끄고 '저것'을 켜야 한다. 아마 '원숭이와 코코넛 열매'라는 이야기를 다양한 버전으로 들어본 적이 있을 것이다. 속이 비어 있는 코코넛 껍데기를 가지고 야생 원숭이를 잡는 이야기다. 껍데기에는 줄에 달려 있고 그 안에는 맛있는 미끼들이 가득하다. 호기심 많은 원숭이는 미끼를 먹고 싶어서 코코넛 속으로 손을 넣는다. 일단 먹을 것이 손에 잡히게 되면 작은 구멍으로는 손을 뺄 수가 없게 된다. 그 결과 원숭이가 그물에 잡히는 것이다. 원숭이는 자유라는 '최선'을 얻기 위해 코코넛 안에 있는 '차선'을 포기하기를 거부했던 것이다.

마르다와 동일한 실수를 범하지 않는가?

인간의 업적보다 하나님의 임재를 우선시하는 훈련과 분별이 없으면 우리는 하나님의 최선을 얻기 위해 이 땅의 '먹을 것'들을 포기하지 못한다. 우리는 마르다와 동일한 실수를 범하고 킹 제임스 성경이 말한 대로 '괴로움'에 빠진다.

> "마르다는 준비하는 일이 많아 마음이 분주한지라[괴로운지라]킹 제임스 성경. 예수께 나아가 이르되, 주여 내 동생이 나 혼자 일하게 두는 것을 생각하지 아니하시나이까. 그를 명하사 나를 도와주라 하소서. 주께서 대답하여 이르시되, 마르다아 마르다아, 네가 많은 일로 염려하고 근심하나 몇 가지만 하든지 혹은 한 가지만이라도 족하니라. 마리아는 이 좋은 편을 택하였으니 빼앗기지 아니하리라 하시니라"눅 10:40-42.

때로 우리는 눈에 보이고 손에 잡히는 일들에 사로잡혀서 하나님의 방문이나 선물을 놓쳐 버리곤 한다. 너무 분주한 나머지 최선을 선택하고 추구해야 함을 망각하는 것이다.

'괴로움'에 해당하는 헬라어 원어는 '다 끌고 다니다'라는 뜻이다. 때로 우리는 초과 분량의 짐들을 다 끌고 다니면서 하나님이 우리의 어깨를 두드리고 계시다는 것을 감지하지 못한다. 뉴킹 제임스 성경이나 NIV 성경이 동일하게 마르다가 "괴로워했다"고 말할 때는 또 다른 측면을 언급하는 것이다. 무디 스튜어트는 이렇게 말한다.

마르다는 예수 그리스도를 섬기기 위해 많은 일을 하고 있었다. 다 주님을 기쁘시게 하고 영화롭게 하기 위한 것들이었다. 슬프게도 이런 일들이 비일비재하다. 그리스도를 위해 많은 것을 하지만 그리스도 그분께는 집중하지 않는 것이다. 그분 자신, 그분의 가르침, 그분의 임재, 그리고 그분과의 교제에는 신경 쓰지 않는 것이다. 그녀는 주님 없이 주님을 위해 일하고 있었다. 그리고 일하는 데 동생이 도와주지 않는다고 불평했다. 마르다는 주님이 자신의 섬김을 간절히 필요로 하시기 때문에 주님을 영화롭게 하기 위해서 많은 일을 하면 그분이 가장 좋아하실 것이라고 생각했다. 그러나 이 땅에 섬김을 받으러 오신 것이 아니라 섬기러 오셨고, 자기 생명까지 많은 이의 대속물로 주시려는 주님의 성품과 부르심을 마르다는 깨닫지 못하고 있었다. 예수님은 그녀의 '무엇'을 구하시는 게 아니라 그녀 '자신'을 구하셨다. 주님은 받으러 오신 게 아니라 주러 오셨다. 주님께 마르다가 필요한 것이 아니라 마르다에게 주님이 간절히 필요했다.[15]

성경은 히브리서 말씀을 통해 인생의 '두통거리'가 무엇인지 그 처방전과 치료법을 말해 준다.

"이러므로 우리에게 구름같이 둘러싼 허다한 증인들이 있으니 모든 무거운 것과 얽매이기 쉬운 죄를 벗어 버리고 인내로써 우리 앞에 당한 경주를 하며"히 12:1.

당신 어깨를 누르는 모든 짐을 제거하라

아버지와 나는 「능력의 근원」토기장이이라는 책에서 이 성경 본문이 말하는 '벗어 버린다'는 것이 무엇인지 탐구해 본 적이 있다.

우리 모두는 회개가 필요하다. 회개는 "모든 무거운 것과 얽매이기 쉬운 죄를 벗어 버리고"라는 말씀을 실천하는 성경적 방법이다. 이제 당신은 가면을 벗고 또 무거운 짐들을 내려놓음으로써 '진정한 당신의 모습'으로 돌아가야 한다. 26가지 번역 성경에서, 히브리서 12장 1절을 "모든 거추장스러운 것들을 벗어 버리라" Rotherham역, "모든 거추장스러운 것들을 던져 버리자" Weymouth역 라고 번역했다. 윌리엄스 역에서는 "모든 장애물을 내던져 버리자"라고 좀 더 강하게 말했다. 20세기 역에서는 "우리를 방해하는 모든 것들을 내려놓자"라고 말했고, 녹스 역에서는 "우리를 무겁게 짓누르는 모든 것을 제거하자"라고 했다.

나를 방해하는 모든 것을 내려놓는 차원에서, 지난 휴일에 내게 깨달음을 주었던 사건이 있었을 때 나는 '핸드폰 다이어트'가 아니라 '핸드폰 금식'을 했어야 했다. 핸드폰을 '차단'하고 주먹만 한 전자제품을 들고 있을 생각을 접었어야만 사랑하는 가족들과 얼굴을 맞대고 정말 만족스러운 대화, 생기 있는 대화를 나눌 수 있었을 것이다.

때로 영적인 분위기를 일신하고 잡다한 방해들을 제거하려면 금식을 해야 한다. 그러나 기억하라. 금식을 하는 것은 하나님께 무엇인가를 하는 게 아니라 당신 자신에게 하는 것이다! 가령 이런 상상을 해보자. 차를 타고 가면서 좋은 친구와 함께 의미 있는 대화를 나누고자 한다. 그런데 라디오 소리가 너무 크다. 친구가 무슨 말을 하는지 듣기가 어렵다. 하지만 당신 차이기 때문에 친구는 당신이 라디오를 끄기를 기다리고 있다.

금식은 당신이 손을 내밀어 라디오를 끄는 것과 같다. 그래야만 친구가 하는 말을 들을 수 있기 때문이다. 금식은 바쁜 아빠와 남편이 핸드폰을 꺼 버리는 것과 같다. 그래야만 아내와 아이들과 조용한 시간을 즐길 수 있기 때문이다. 영적인 영역에서도 우리는 금식을 통해 인생의 균형을 잡기 위한 훈련을 한다. 좋은 것들을 한동안 꺼 두는 것이다. 우리의 모든 '마르다 사역'을 한동안 내려놓는 것이다. 그래야만 형제보다 더 친밀한 친구이신 그분과의 만남에서 최선을 얻을 수 있기 때문이다.

"많은 친구를 얻는 자는 해를 당하게 되거니와 어떤 친구는 형제보다 친밀하니라"잠 18:24.

긍휼은 기적의 씨앗이다

문화적인 소란과 영적인 공해가 우리의 삶 속에 스며들어 있고 우리 영혼 안에 뒤엉켜 있다. 우리가 그리스도인이고 주님의 제자인데도 불구하고 긍휼이 부족한 것은 바로 이런 문제들 때문이다. 신약성경을 조금이라도 진지하게 살펴본다면 예수님이 행하신 거의 모든 기적이 긍휼compassion에서부터 시작되었다는 사실을 발견할 수 있다.

신약성경은 다섯 개의 헬라어 동사를 '긍휼'이라는 단어로 번역했다. 그중 하나를 제외하고는 모두 타인에게 연민, 동정, 자비심을 갖는다는 뜻이다. 그중에 '$\sigma\pi\lambda\alpha\gamma\chi\nu\iota\zeta o\mu\alpha\iota$'스플라그크니조마이 라는 단어는 예수님이 사람들의 고통과 고난을 목격하며 느끼셨던 감정을 표현할 때 가장 많이 사용된 단어다. 발음하기는 힘들지 몰라도 어떤 느낌인지는 짐작할 수 있을 것이다.

본래의 헬라어가 가진 진의와 비교해 볼 때, '긍휼'이라는 단어는 의미가 축소된 말이라 하겠다. 긍휼은 문자적으로는 '애끓는 심정을 갖다'라는 뜻이다. 또한 '그 사람의 심정을 이해하다. 동정심을 갖다'라는 의미다. 당신은 어떤 장면이 너무나 가슴 뭉클해서 고통을 느껴본 적이 있는가? 그렇다면 당신은 '예수님이 느끼셨던 긍휼'의 진의를 알고 있는 것이다.

정말 긍휼이 예수님의 기적에 불을 붙인 원료라면 우리도 우리의 삶 속에서 동일한 긍휼을 구하고 가져야 한다. 그렇기 때문에 (그저 도덕성의 관점에서가 아니라) 정말 주의 깊게 듣고 보아야 하는 것이다. 나는 내 자신을 잘못된 것들로 가득 차게 만드는 일들을 경계함으로써 일종의 '다이어트'를 하려고 한다. 나 자신의 영적인 민감성을 지켜나가려고 한다.

계속 노출되면 영적, 정서적 굳은살이 배긴다

대학 시절 나는 여유 자금을 마련하기 위해 집 짓는 공사장에서 일을 한 적이 있다. 날이면 날마다 망치를 두드렸더니 손에 굳은살이 배길 지경이었다. 마찬가지로 계속해서 극도의 감정, 폭력, 음란에 접촉하면 당신의 양심에 이와 같은 '굳은살' 현상이 나타난다. 이런 극도의 감각에 연속적으로 노출되면 어느 지점에서는 영적, 정서적 '굳은살'이 형성된다. 하나님은 인간의 몸과 영과 혼에 그런 감각적인 것들을 가득 담으라고 계획하지 않으셨다.

나는 소말리아나 에티오피아에서 죽어 가는 수천 명의 아이들과 씨름하는 봉사자들과 이야기를 나눈 적이 있다. 그곳에서는 나이에 상관없이 모든 연령대의 사람들이 극심한 질병과 기아로 인해 파멸되어 가고 있었다. 나는 그들에게 이런 끊임없는 슬픔과 고통에 어떻게 대처하냐고 물었다. 그러자 그들 중 한 사람이 이렇게 대답했다.

"언제나 괴롭죠. 하지만 이곳에 잠시만 있어 보면 마음이 진정됩니다. 자기 자신을 정신적으로 보호하기 위해서 일종의 굳은 마음을 키우지 않으면 아마 미쳐 버리게 될 테니까요."

이는 우리 주변에 넘쳐나는 고통받는 사람들의 안쓰러운 모습으로부터 자기 자신을 격리시켜야 한다는 말이었다. 그러나 그렇게 단열재를 깔아 놓는다 하더라도 우리는 여전히 고통이 우리 마음속 깊이 묻혀 있는 것을 느낄 수 있다. 마치 오래전 대학생 시절 온종일 망치를 두들길 때 느꼈던 압박감을 지금도 생생하게 느낄 수 있는 것처럼 말이다. 하지만 오늘 내가 동일한 망치를 들고 한 시간만 일한다면 이내 손에 물집이 잡히고 말 것이다.

계속적인 노출과 접촉은 그것이 거룩함이든 불결함이든 인간의 마음에 굳은살을 형성한다. 거룩한 것도 일상적인 것이 될 수 있다! 아이의 엄마가 아기의 울음소리를 듣는데도 다급하지 않다고 느끼면 일종의 '청각 장애'를 일으킬 수 있다. 주변에 있는 모든 사람은 아기 울음소리 때문에 머리를 쥐어뜯고 있는데도 말이다. 이와 마찬가지로, 계속되는 불경건과 신성모독의 환경에서 일하는 사람은 그것이 인간의 영혼에 미치는 파괴적인 영향력에 거의 무감각해질 수 있다.

주님의 몸인 교회에서 '마르다'들은 매일같이 인간의 필요에 극도로 집중하기 때문에 분명한 하나님의 임재에 지나치게 무디어짐으로 영적인 굳은살을 형성하는 경향이 있다.

영적 감수성을 지키기 위해서다

나는 매일 보고 듣는 것에 세심하게 주의를 기울이는 법을 배웠다. 때로 아내와 딸들은 슬픈 영화를 보고 싶어 한다. 하지만 그들은 이미 나의 성향을 잘 알고 있다. 딸 하나가 말한다.

"아빠는 그거 못 봐."

왜냐하면 내가 너무 감성적이거나 슬픈 영화를 보고 나면 이삼일 동안은 '정신 나간 사람'처럼 되어 버린다는 것을 다 알기 때문이다. 그리고 날이면 날마다 생각하는 것이다. '어떻게 그럴 수가! 그들이 죽다니 믿을 수 없어! 어떻게든 뭐든 했어야지.'

우리 가족은 나쁜 영화나 부도덕한 오락에 돈과 시간을 낭비하려고 하지 않는다. 그러나 나는 한술 더 떠서 좋은 영화도 너무 감상적인 내용은 피하려 한다. 나의 영적 감수성을 지키기 위해서다. 그래야만 천상의 비둘기처럼 성령의 미풍이 교회 안이나 나의 마음에 불어올 때 주님께 민감할 수 있기 때문이다. 때로는 '좋은 것'에 노출되는 것도 막음으로써 주님께 민감해지고 주님이 주시는 최선의 것들을 받아들이게 된다.

종종 소말리아나 에티오피아의 굶주리는 어린아이들에 대한 광고를 본다. 그리고 나는 삼일 동안 내내 중보기도를 한다. (대체로는 그런 프로그램을 피한다. 하지만 때로 성령은 그런 프로그램을 통해서 우리가 철통같이 지키고 있는 마음과 지갑을 열도록 일하신다.) 열쇠는 바로 성령의 부드러운 인도하심이다.

현대사회가 제공하는 대중매체의 과잉공급과 감각주의로 인해 우리는 주님의 부드러운 음성과 인도하심에 아주 쉽게 급속도로 무감각해질 수 있다. 그러므로 우리는 우리의 열정에 우선순위를 두는 법과 주님의 열심에 민감해지는 법을 배워야 한다. 나는 예수님에게서 그 방법을 본다. 여러 본문에서 복음서는 주님이 "민망해하셨다"는 기록을 보여 준다. 그러나 때로는 주님이 고통받는 인간에게서 물러나시는 것을 본다.

"이 문제에 관해 뭔가를 해야겠구나"

예수님이 사역하시는 중에 기적을 행하실 때면 긍휼이 중요한 역할을 한다. 여러 위대한 기적들을 보면 뜻밖의 발견에 기인하는 것으로 보인다. 그저 매일의 사건들 속에서 갑자기 '발생'한 것처럼 보인다. 예수님은 문제를 발견하시면 기본적으로 이렇게 말씀하신다.

"이 문제에 관해 뭔가를 해야겠구나."

확신컨대 대부분의 경우 예수님은 기적을 '미리 준비하지' 않으셨다. 그냥 그 일에 맞닥뜨리셨다.[16] (물론 미리 준비해 놓은 치유 집회에 문제를 제기하는 것은 아니다. 그런 집회를 통해서 사람들을 효과적으로 구원할 수도 있다. 기적을 선언하고 가능한 것들을 행하라. 그러나 기적적인 역사의 순간은 전적으로 하나님이 행하신다는 것을 신뢰하라.)

나인 성의 과부는 예수라는 유대인 랍비가 아들의 장례식 행렬을 막아설 때 아무 생각이 없었다. 성경에서도 예수님이 그 일을 예견하셨다고 말하지 않는다. 그냥 성문을 지나 길을 따라 다음 약속 장소로 걸어가다가 장례식 행렬이 지나는 것을 만나신 것이다.

"성문에 가까이 이르실 때에 사람들이 한 죽은 자를 메고 나오니 이는 한 어머니의 독자요 그의 어머니는 과부라. 그 성의 많은 사람도 그와 함께 나오거늘 주께서 과부를 보시고 불쌍히 여기사 울지 말라 하시고 가까이 가서 그 관에 손을 대시니 멘 자들이 서는지라. 예수께서 이르시되, 청년아 내가 네게 말하노니 일어나라 하시매 죽었던 자가 일어나 앉고 말도 하거늘 예수께서 그를 어머니에게 주시니"눅 7:12-15.

유대 스승이셨던 예수님은 사체에 손을 대지 말라는 모세의 율법을 익히 알고 계셨다. 어떤 종교적인 유대인도 사체에 손을 대면 의식상 칠일 동안 불결하게 여겼다. 의식상의 정결법을 따른다고 해도 상황은 마찬가지였다. 정결의식을 순서대로 따르지 못하면 죽음에 처해질 수도 있었다민 19:11-13 참조.

예수님은 이 문제를 간단하지만 초자연적인 방법으로 피해 가셨다. 주님은 결코 사체를 만지지 않으셨다. 왜냐하면 주님의 신적인 손길이 인간의 생명 없는 껍데기에 닿았을 때는 이미 그 몸이 죽어 있는 몸이 아니었기 때문이다!

성경에서는 '예수님의 행진'이 죽음의 행렬에 막혔을 때 예수님 주변에 수많은 무리가 있었다고 말한다. 주님이 죽음의 행렬을 정지시키고 죽은 청년의 관에 다가갈 때 주님의 제자들이나 종교적인 지지자들이 얼마나 놀라서 주님 주변으로 몰려들었겠는가.

"주님, 손대지 마십시오! 부정해질 것입니다!"

그들은 주님이 사체에 손을 대면 그들이 주님 주변에 있을 수 없다는 사실을 알고 있었다. 옆에 있다가는 그들 모두 칠일 동안 아무 일도 못하고 빈둥거려야 한다. 그들은 아직도 하나님의 손길이 열매 없는 무화과나무처럼 산 것을 죽일 수도 있고, 이 사건처럼 죽은 것을 다시 살릴 수도 있다는 사실을 이해하지 못했다.

주님은 긍휼 때문에 가만히 계실 수 없었다

무엇이 예수님으로 하여금 죽음에 도전할 정도로 강력한 힘을 발휘하게 하였는가? 죽음이란 타락한 인간 세계 안에서 가장 강력한 자연 법칙이 아닌가! 우리는 주님이 과부 여인의 눈물을 보고 깊은 슬픔을 느끼셨다는 것을 안다. 분명 주님은 남편과 독자까지 잃어버린 여인을 보는 순간, 긍휼 때문에 가만히 있을 수가 없으셨을 것이다.

내 생각에, 북미나 유럽인들은 대중매체를 통해 정서적인 자극에 과도하게 노출되어, 실제 긍휼에 대한 용량은 매우 손상되거나 격감되어 있다. 우리는 보는 게 너무 많다. 미국 정신과협

회는 대중매체의 폭력에 대해 강한 입장을 보이고 있다.

보통 미국 아이가 일주일에 텔레비전을 보는 시간은 28시간이며, 18세 정도 되면 16,000건의 살인사건을 모의 체험하게 되고 200,000건의 폭력사건을 보게 된다. 폭력적인 오락에 과도하게 노출되는 일이 급증하고 있음을 보여 주는 관련 증거로 정신과 의사와 소아과 의사들, 그리고 여타 의사들과 정신건강 관리자들이 연합하여 아동들이 노출되고 있는 폭력적인 묘사의 양에 제한을 두어야 한다는 요청을 냈다.

… 아동과 청소년들은 이전 그 어느 때보다도 대중매체를 통해 폭력적인 묘사에 대거 노출되어 있다. 그런 묘사는 텔레비전뿐만 아니라 영화, 음악, 인터넷, 비디오게임, 잡지 등에도 만연해 있다. 아동을 위한 상업적인 텔레비전은 성인을 위한 주시청 시간대 프로그램보다 50-60배 더 폭력적이다. 어떤 만화들은 한 시간에 폭력적인 장면이 평균 80회 이상 등장한다. 이런 묘사들은 아동으로 하여금 폭력의 영향력에 무감각하게 만들고 공격성을 증가시키고 두려움을 조장하도록 만든다.

많은 사람이 위와 같은 현실을 걱정하고 있다. 폭력에 노출된 아이들은 대중매체에서 구현된 폭력과 실제의 폭력 행위를 구별하지 못할 것이기 때문이다. 그들에게 인생은 그저 게임으로 받아들여질 뿐이다.

그리스도인들은 조금도 놀랄 것이 없다. 이는 말씀 가운데 오래전에 하나님이 경고하신 내용이기 때문이다. 사도 바울은 이것을 '양심에 화인 맞는 일'이라고 말했다.

"그러나 성령이 밝히 말씀하시기를 후일에 어떤 사람들이 믿음에서 떠나 미혹하는 영과 귀신의 가르침을 따르리라 하셨으니 자기 양심이 화인을 맞아서 외식함으로 거짓말하는 자들이라" 딤전 4:1-2.

죄는 당신이 하나님의 음성에 대해서 갖는 내적 민감성을 떨어뜨리고 죄의 고통을 경감시키기 원한다. 그래야만 결코 하지 않을 일들을 하면서도 전혀 양심의 거리낌이 없기 때문이다.

민감성 수치를 높이라!

여기 좋은 소식이 있다. 당신이 하나님의 음성과 죄에 대한 민감성 수치를 높이면 당신의 삶에 기적을 일으킬 수 있다. 이런 것을 무엇이라고 불러야 할까? 예수님을 감동케 하여 기적의 영역으로 인도하였던 것이 '긍휼'이었다는 것을 기억하라.

지금은 작고한 존 윔버John Wimber의 글을 떠올려 본다. "당신은 좋은 소식을 말하면서 동시에 나쁜 소식을 전할 수 없다." 당신이 긍휼과 더불어 냉담함과 잘못된 우선순위와 죄를 혼합시켜버릴 때 이런 일이 일어난다. 이것은 마음이 '괴로움'에 빠질 때 치르게 되는 값비싼 대가 중 하나다. 마르다의 이야기를 염두에 두고 질문해 보라. 당신은 매일 만나는 사람들과 일하는 사람들에게 '좋은 소식'이 되었는가, '나쁜 소식'이 되었는가? 스튜어트는 마르다의 짐이 너무 무거웠다고 지적한다.

마르다는 많은 것, 많은 근심, 많은 책임을 선택했고 그것들을 내려놓고는 마음이 행복할 수 없었다. 하지만 그런 것들이 평안을 주는 것이 아니기 때문에 그런 것들을 갖고 있어도 행복하지 않기는 마찬가지였다. 하지만 내려놓고 쉴 수도 없는 지경이었다. 그녀의 짐은 필수가 아니라 선택이었다. 예수님은 그녀의 수많은 일들로 인해 그녀에게 고마워하신 것이 아니라, 오히려 그 많은 근심으로 인해서 고마움을 표현하실 수 없었다. 요구되는 것이 있었다면, 그것은 그녀의 빠른 손놀림뿐 아니라 짐을 벗어버린 가벼운 마음이었을 것이다. 하지만 그녀의 마음은 근심과 괴로움과 다양한 일거리들로 가득했다. 이런 것들에 그녀는 너무나 맹목적으로 집착하고 있었다.[17]

당신은 인간의 굳은 마음 때문에 성령께서 실망하시는 것을 느껴본 적이 있는가? 교회에서 예배의 물결이 하늘로 올라가고 하나님의 임재가 가득할 때에도 종종 그런 일이 일어난다. 누군가 이제는 다음 순서를 진행해야 할 때가 되었다고 느끼는 것이다. 그리고 말한다.

"자, 예배의 다음 순서로 갑시다."

종종 이런 말이 성령을 근심케 한다. 그러면 하나님은 말씀하신다.

"이제 예배의 자리에서 나가야겠다. 저들이 자기들만의 시간을 원하는구나."

분명한 하나님의 임재가 순식간에 사라질 때 더 이상 놀랄 것이 없다. '사람들의 압력이 하나님의 임재를 몰아내는 일'이란 바로 이런 것이다.

물론 예배에서 다른 것으로 이동하는 것이 '옳고' 또 적절할 때가 있다. (하나님이 그분의 백성들에게 말씀으로 축복하고자 하시고 기도 사역을 통해 개인적인 필요들을 채우기 원하신다면 우리는 그것을 감지할 수 있어야 한다.) 나는 사람들이 예배 시간을 줄인다고 비난하려는 것이 아니다. 내 요점은 우리가 항상 성령님을 존중해야 한다는 것이다. 바울은 우리의 말과 행동으로 성령님을 근심케 할 수 있다는 점을 명시했다.

"하나님의 성령을 근심하게 하지 말라. 그 안에서 너희가 구원의 날까지 인치심을 받았느니라" 엡 4:30.

언제 어떤 모자를 쓸까?

하나님이 우리에게 언제 어떤 모자를 써야 하는지에 대한 민감성을 주시기를 바란다. 사람을 섬기는 마르다의 모자를 써야 하는가, 아니면 하나님 앞에 경배하는 마리아의 모자를 써야 하는가? 우리는 매일 하나님의 지혜가 간절히 필요하다. 동시에 우리는 교회의 두 가지 사역 가운데 끼어 긴장감을 갖고 살아갈 것이다.

막판까지 손에 땀을 쥐게 하는 미국 대통령 선거가 매주 다가오고 있었을 때, 하루는 막내딸이 내게 다가와서 여러 가지 질문을 던졌다. 하지만 당시 수백만의 미국 투표자들이 그랬듯이 나도 투표 결과가 어떻게 돌아가는지 파악하기 위해서 신경을 곤두세우고 있었다. 그래서 나는 딸아이에게 말했다.

"쉿! 잠깐만! 지금 무슨 일이 일어나는지 귀 기울이고 있는 중이란다."

그러자 딸아이는 매우 짜증난다는 말투로 그 시점의 전국민의 태도를 대변하듯 말했다.

"누구든 대통령이 되라지. 그러면 속 시원하겠네!"

그러나 실제로 딸이 말한 것은 자신에게 관심을 가져 달라는 것이었다. 나는 많은 것에 정신이 팔려 있었지만, 딸에게는 오직 한 가지만 필요했다. 그 순간 딸아이는 아빠가 필요했던 것이다. 그 필요는 누가 선거에서 이길 것인지 궁금해하는 나의 일시적인 필요보다 훨씬 중요한 것이었다.

마르다도 마리아만큼 예수님을 사랑했을 것이다. 하지만 마리아와는 달리 마르다는 많은 근심들로 괴로워했다. 우리는 마르다를 괴롭히는 많은 근심들을 언제 어떻게 내려놓아야 하는지 배워야 한다. 그래야만 우리는 마리아의 예배를 통해 주님을 섬길 수 있게 된다. 부디 스튜어트는 이렇게 말했다.

마르다는 합법적인 질문자의 표상이고 마리아는 예수 그리스도를 믿는 신자의 표상이다. 또한 마르다는 율법주의적인 그리스도인의 표상이기도 하다. 많은 일을 하지만 주님께 별로, 아니 어쩌면 전혀 영광과 기쁨을 돌려드리지 못하는 그리스도인이다. 그러나 마리아는 순전한 열정으로 주님을 믿는 살아 있는 영혼의 표상이다. 주님만을 갈급해하고 주님의 생명의 양식 그 자체를 받아들임으로써 그분을 영화롭게 하는 사람이다.[18]

CHAPTER 6 **양극화된
영성**

나는 마리아인가, 마르다인가?

　이 순간 끊임없는 갈등이 당신의 마음속에 조용히 소용돌이 치고 있는가? 그렇다면 그것은 하나님의 행하심이라고 생각한다. 우리 모두는 마리아와 마르다 자매가 대변해 주는 인간 영혼의 양극단 사이에서 계속 분열되고 있다. 당신이 인간 경험의 두 가지 '극단' 사이에서 계속 긴장감을 느끼는 것은 마리아와 마르다가 둘 다 당신 안에 있기 때문이다. 당신은 가난한 자를 도와야 할지, 시간을 내어 기도를 해야 할지 모를 때가 있다. 이러한 사실을 인정하고 이렇게 질문할 수 있다.
　"나는 마리아인가, 마르다인가?"
　하나님의 개입 없이는 아무리 최선을 다해도 어쩔 수가 없다. 당신은 마리아와 마르다의 서로 다른 세계관과 생각이 끊임없이 교차하는 지점에 서 있다. 집이 둘로 나뉘어 있다. 즉, '양극화된 인격'이다.

예수님은 둘로 쪼개진 집에 대해 뭐라고 말씀하셨는가? "스스로 분쟁하는 나라마다 황폐하여질 것이요, 스스로 분쟁하는 동네나 집마다 서지 못하리라"마 12:25. 그러나 하나님은 일시적으로 한 차례 생기는 다툼과 분열이 있다고 해서 그 집을 포기하지는 않으신다. 다만 계속 그런 방식으로 가기를 원치 않으실 뿐이다.

예수님은 오합지졸 제자들을 데리고 사탄의 왕국을 정복하기 시작하셨다. 제자들은 누가 최고냐, 누가 제일 똑똑하냐, 누가 가장 하나님께 사랑받느냐 하는 문제로 늘 다투었다. 하나님은 모든 민족과 나라에서 개개인 신자들을 불러 그분의 교회를 세우기로 결정하셨다. 왜냐하면 우리는 오직 십자가의 초자연적 능력을 통해서만 하나가 될 수 있기 때문이다.

하나님은 당신과 나를 창조하실 때 우리 안에 '마리아와 마르다'를 넣어 두셨다. 이제 우리는 그분의 손길에 순종해야 한다. 그래서 마리아와 마르다가 우리 안에서 연합함으로 사람의 집을 하나님의 거주지로 만들어야 한다.

나는 우리도 마리아와 마르다처럼 배우고 있다고 믿는다. 어느 한쪽이 빠지면 우리의 집은 완성될 수 없다. 마르다는 마리아가 필요하고 마리아는 마르다가 필요하다.

당신의 인격 안에 마르다의 실제적인 섬김과 사역 윤리가 작동하지 않는다면, 세상 사람들 가운데 경건한 증인으로 살아가기가 어려울 것이다. 어쨌든 사람들은 그리스도인들이 다른 사람들을 돕는 이타적인 행동을 할 것으로 기대하기 때문이다. 교회 안에 머무는 많은 이들이 하나님의 강가에 모여 교제하고 찬양하지만, 노숙자들의 다리 밑에 모여 '사회에서 사랑받지 못하고 따돌림받는 사람들'에게 음식과 옷을 나눠 주고 무조건적인 사랑을 베푸는 섬김을 하려고 하지 않는다.

동시에 우리 안에 있는 마르다는, 오로지 주님만 사모하는 마리아의 마음이 없다면 우리가 '다리 밑에서' 사람들에게 행하는 모든 섬김은 영원한 상처를 안고 있는 심령들에게 금세 떨어질 '반창고'에 불과한 것이라는 사실을 인정해야 한다. 우리의 선행과 친절은 사람들의 마음을 열어 놓지만, 그것이 그들의 영혼을 구원하는 것은 아니다. 우리는 자선 사업으로 사람의 마음을 녹일 수 있지만, 오직 예수님만이 그들의 죄를 씻으시고 하나님의 임재 가운데 그들에게 영생을 주실 수 있다.

마르다처럼 일하고 마리아처럼 예배하라

하나님은 우리가 예수 그리스도의 이름으로 하나님을 영화롭게 하고 사람들을 축복하기 원하신다. 동시에 두 가지를 다 하는 유일한 방법은 마르다처럼 일하고 마리아처럼 예배하는 것이다. 실제적인 문제는 어떻게 동시에 일하며 예배할 수 있는가이다.

당신은 아는가? 심지어 예수 그리스도도 마음속에 있는 '마리아와 마르다'의 갈등을 경험하셨다. 겟세마네 동산에서 '살고 싶은 마르다의 의지'와 '기꺼이 죽으려는 마리아의 의지' 사이에 예수님이 얼마나 씨름을 하셨는지 기억해 보라. 한 번도 아니고 두 번씩이나 주님은 고통스러운 기도 가운데 마리아와 마르다의 관점 사이에서 갈등하셨다. 처음에는 이렇게 기도하셨다.

"내 아버지여 만일 할 만하시거든 이 잔을 내게서 지나가게 하옵소서. 그러나 나의 원대로 마시옵고 아버지의 원대로 하옵소서." 마 26:39.

두 번째로는 세상에서 유일하게 죄 없으신 주님이 간구의 기도를 드리셨다.

"내 아버지여 만일 내가 마시지 않고는 이 잔이 내게서 지나갈 수 없거든 아버지의 원대로 되기를 원하나이다." 마 26:42.

사도 바울도 완벽한 것은 아니었다. 그러나 하나님은 그를 선택하사 신약성경의 상당 부분을 기록하게 하셨다. 이 위대한 교회 지도자이자 하나님을 갈망하던 사람은 내면의 극심한 갈등을 이렇게 묘사했다.

"내가 그 둘 사이에 끼었으니 차라리 세상을 떠나서 그리스도와 함께 있는 것이 훨씬 더 좋은 일이라. 그렇게 하고 싶으나 내가 육신으로 있는 것이 너희를 위하여 더 유익하리라. 내가 살 것과 너희 믿음의 진보와 기쁨을 위하여 너희 무리와 함께 거할 이것을 확실히 아노니." 빌 1:23-25.

바울의 고백을 '마리아와 마르다의 용어'로 바꿔서 말한다면 이런 말일 것이다.

"내 안에 있는 마리아는 그리스도에게로 달려가고 싶어 합니다. 물론 그것이 훨씬 좋은 것이지요. 그럼에도 불구하고 내 안에 있는 마르다를 통해서 하나님이 내게 주시는 확신이 있습니다. 그것은 내가 여기 땅에 거하면서 여러분의 믿음의 진보와 기쁨을 돕는 것이 더욱 필요하다는 것입니다."

하나님은 바울 안에 있는 '마르다'가 그의 중심 안에 있는 '마리아'의 메시지를 받아서 고통 가운데 있는 초대 교회에게 전달해 주기를 원하셨다. 그래서 그들이 앞으로 다가올 박해와 환난의 풍파를 능히 감당할 수 있게 하기를 원하셨다.

영적 맹인을 인도하려면 '영적 시력'을 가져야 한다

당신이 하나님의 주소지를 전혀 모르면서 누군가를 '고양'시켜 하나님의 세계로 인도한다는 것은 어려운 일이다. 당신이 영적 맹인을 하나님의 임재의 빛 가운데로 인도하려면 마리아처럼 '영적 시력'을 가져야 한다.

마르다의 실수는 예수님께서 마리아가 주님의 발 앞에 앉아 예배하느라고 부엌일을 외면한 것을 '신경 쓰시지 않는다'고 생각한 데 있었다눅 10:40. 그러나 그녀의 장점은 실수 가운데서도 빨리 배운다는 것이다. 분명히 마르다는 마리아가 주님에게 보인 민감성이 주님의 마음에 이르는 길이라는 것을 이해하기 시작했다. 아마도 그래서 마르다는 예수님이 나사로가 죽은 뒤에 오셨을 때 예수님이 그녀를 부르신다고 마리아에게 말해서 자리를 '마련'했을 것이다. "이 말을 하고 돌아가서 가만히 그 자매 마리아를 불러 말하되, 선생님이 오셔서 너를 부르신다 하니"요 11:28.

마르다는 마리아의 사모하는 눈물이 자신의 담대한 대면으로는 할 수 없는 것들을 이루기를 소망하지 않았을까 싶다. 그래서 자신들이 처한 고통과 위기의 현장에 기적을 행하시는 예수님을 모시고 온 것이다. 실천적인 마르다는 베다니에서의 첫 번째 사건 이후 마리아의 통찰력에 좀 더 주의를 기울였던 것 같다. 마리아라면 주님과의 영적인 약속을 놓치지 않을 것이 분명하기 때문이었다.

당신 안에 있는 마르다가 마리아의 영적 민감성의 능력을 건드려 줄 필요가 있다. 마치 바디매오가 다른 사람들의 눈과 감각을 '차용'해서 자기 육신의 시각 장애를 극복한 것과 같다. 나는 「간절한 매달림」토기장이이라는 책에서 이렇게 말했다.

우리는 갈급한 많은 순간에 어느 쪽으로 외쳐야 할지, 무엇을 말해야 할지, 무슨 기도를 해야 할지, 무슨 노래를 불러야 할지 알지 못한다. 맹인 바디매오는 기적을 체험하기 전까지는 예수님을 볼 수 없었다. 그는 거리가 소란한 것은 예수님 때문이며 주님이 가까이 오셨다는 누군가의 말을 그대로 믿었다.

때로 인생을 살다 보면 당신의 영적인 '감각'이 무디어져서, 즉 귀가 멀고 눈이 멀어서 하나님이 가까이 오신 것을 감지하지 못할 때가 있다. 영적 감각을 상실했을 때는 믿음으로 걷고 말씀 위에 서야 한다. 주님이 여기 계시다는 누군가의 말을 그대로 받아들여야 할 것이다. 그가 예배 인도자이든 배우자이든 설교자이든 간에 그 사람이 "주님이 가까이 오셨습니다"라고 말할 때 최대한 주의를 집중하라.

그 순간 당신 안에 있는 모든 열정과 갈급함으로 주님을 향해 손을 내밀라. 주님이 우리 각자에게서 멀리 계신 것이 아님에도 불구하고 주님을 느끼고 주님을 찾아야 한다 눅 6:6-11.

성경의 이야기를 보면 맹인 바디매오는 예수님과의 거룩한 만남을 시작하고 눈을 회복하기까지 '시력'을 가진 거리의 구경꾼들의 도움을 구하였다. 때로 '영적 도전'을 받은 우리 안의 마르다는 '영적 시력'을 가진 우리 안의 마리아에게서 비전과 감각을 얻어야 한다. 이렇게 연합하여 주님을 찾을 때 비로소 우리 안에 있는 내적인 갈등에 종지부를 찍을 수 있다.

때로 당신의 영은 혼 안에 담긴 작은 소리들에 귀를 기울이기 위해 침묵할 줄 알아야 한다. 마음속에 있는 경배송을 따라갈 때 당신은 차가운 지성의 미로와 무분별한 감정의 열기를 지나 바른 길을 갈 수 있다.

무디 스튜어트가 마리아와 마르다를 성경적으로 비교한 내용을 보면 때로 우리 안에 일어나는 '자매간 다툼'의 성격을 더 잘 이해할 수 있을 것이다.

마르다는 괴롭게 일하는 것으로 시작했다. 그러나 책망을 들은 후로 그녀는 오로지 집안 일만 하는 것을 끝냈다. 마리아는 조용히 듣는 것을 시작했다. 그러나 고귀한 일로 마무리를 지었고 그 일은 영원히 기억될 훌륭한 것이었다. 듣는 것보다 일하는 것이 쉽다. 왜냐하면 일은 원하는 바를 이루기가 쉽기 때문이다. 일은 그 자체가 목적이다. 진짜 좋은 것이 조금도 이루어지지 않아도 일은 여전히 있다. 우리 영혼이 일로 가득 차면 그 안에서 안식하려 한다. 그 일이 조금도 하나님께 열납되지 않을지라도 일하는 사람은 스스로를 기쁘게 하고 쉽게 사라질 평안을 얻는다. 그러나 들음으로 얻는 열매는 쉽게 없어지지 않는다.[19]

하나님은 그분을 위해 우리가 행하는 일을 확실히 선호하신다

하나님은 편애 없이, 킹 제임스 번역으로는 '외모'로 취하는 일 없이 우리 모두를 사랑하신다롬 2:11 ; 엡 6:9 ; 벧전 1:17. 그러나 분명한 것은 하나님은 그분을 위해 우리가 행하는 일을 확실히 선호하신다는 사실이다. 창세기에 따르면 하나님은 가인의 피 없는 제물보다 아벨의 피로 드린 제사를 선호하셨다창 4:3-7 ; 히 11:4.

반면 열정 없는 제사장들이 종교적 전통의 이름으로 드린 엄청난 피의 희생보다 열정적인 다윗이 사모하여 드린 피 없는 경배를 훨씬 선호하셨다.[20]

각각의 경우에 그들이 하나님께 드린 선물의 외적인 특징보다 중요한 것은 드리는 자의 마음에 있는 동기와 열정이었다.

'열정'이라는 말은 '하나님과 하나님의 뜻을 향한 불타는 열심과 사랑과 헌신'이라는 뜻이다. 이것은 진정으로 하나님을 갈망하는 사람의 마음과 영혼일 뿐 아니라, 진실로 하나님을 만난 사람이 갖고 있어야 할 것이다.

마르다의 의지와 사역, 그리고 마리아의 열정과 깨어짐 사이의 끊이지 않는 전쟁 속에서 하나님이 선호하시는 것은 명확하다. 하나님은 우리의 노력에 매료되시지 않는다. 다만 하나님은 우리가 보여 드리는 '연약함'과 '메마름'에 강하게 끌리는 분이시다. 스튜어트의 글을 다시 인용한다.

마르다는 처음에 일했고 불평했다. 왜냐하면 여동생은 앉아 있고 일하지 않았기 때문이다. 그 시간에 앉아서 듣고 있는 것은 마르다가 보기에는 나태함과 게으름일 뿐이었다. 그 모습이 힌 지메에게는 적절하지 않았다. 주님을 위해 바쁘게 손을 움직여 봉사를 해야 했기 때문이다. 그러나 그 모습이 다른 자매에게는 적절한 것이었다. 왜냐하면 그 시간은 주님이 그 영혼에게 말씀하시는 소중한 시간이었기 때문이다. 그러나 이제는 마리아 차례다. 마리아는 온 세상에 알려질 행동을 하였고 온 세대에 알려질 이름의 향기를 드러냈다. 주님이 베들레헴에서 태어나셔서 갈보리 언덕에서 죽으실 때까지 슬픔 가운데 있는 주님을 위로한 일은 그 어떤 것보다도 주님의 마음에 고마운 일이었다. 가장 주님께 합당한 일이었고 가장 주님의 이름을 높이는 일이었다. 주님이 그 일을 너무나 귀하게 여기셔서 성경에 유일하게 이런 선언을 하심으로써 그 일을 인증해 주셨다. "온 천하에 어디서든지 복음이 전파되는 곳에는 이 여자의 행한 일도 말하여 저를 기념하리라."[21]

주님의 임재는 떡을 떼고 죽은 자를 일으킨다

열정이 교회 안에 회복되면 주님의 임재가 예배 가운데 임한다. 마리아의 열정이 마르다의 심장을 압도하고, 냉담한 사람들의 냉소주의와 비난을 극복하면, 주님의 임재는 떡을 떼고 죽은 자를 일으킨다. 마리아는 즉시 말할 것이다. "주님과 만날 수만 있다면 나의 품위도 포기하겠습니다."

그러나 마르다는 주님의 분명한 임재가 집에 나타날 때 이렇게 말하는 법을 배워야 한다. "하나님의 임재 가운데 예배할 수 있는 단 한 순간의 섬김을 위해서라면 내 손으로 행했던 사람들을 위한 최선의 사역들을 기꺼이 희생하겠습니다."

마리아의 말릴 수 없는 열정은 때로 '마르다의 마음을 가진 제자들'은 불편하게 하고 심지어 분노하게도 만든다. 열정은 예수님이 인정해 주시기까지 다른 모든 사람을 불편하게 만들 수 있다.

사람을 위한 마르다의 기름 부음 받은 섬김은 하나님을 위한 마리아의 기름 부음 받은 섬김을 준비시키고, 지원하고, 가능케 해야 한다. 시몬의 집에서 마르다가 보여 준 것처럼 말이다.

인생의 우선순위에 대한 하나님의 청사진

문제는 당신이 마르다를 따라 교회 안에서나 길거리에서 사람들의 필요를 채울 것인지, 아니면 마리아의 인도를 따라 하나님의 소원을 만족시켜 드릴 것인지가 아니다. 당신은 둘 다 해야 한다. 문제는 마음의 우선순위와 열정을 다루는 것이다. 예수님은 인생의 우선순위에 대한 하나님의 청사진을 보여 주셨다.

"대답하여 이르되 네 마음을 다하며 목숨을 다하며 힘을 다하며 뜻을 다하여 주 너의 하나님을 사랑하고 또한 네 이웃을 네 자신 같이 사랑하라 하였나이다"눅 10:27.

자, 마리아와 마르다, 바디매오여! 우리에게 하나님의 임재가 다른 그 어떤 것보다 우리 중심과 인생에 더 중요하다는 것을 알려주시오.

대부분의 사람들이 마르다를 드러낼 때 위기와 문제가 있다는 것을 아는가? (몇몇 사람만이 고통의 순간에 마리아처럼 무릎을 꿇는다.) 만약 당신의 '마르다적인 기질'이 주어진 상황의 운전대를 잡으면, 당신은 분명히 '행동 중심'이 될 것이다. 그 문제에 관해서 '뭔가를 해야 한다'고 강하게 느낄 것이다. 그러면 그 행동 계획 가운데 기도와 예배는 생략되는 경우가 많을 것이다. 왜냐하면 마르다에게 기도와 예배는 '활동 정지'를 의미하는 것이기 때문이다.

사람들을 섬기는 고된 일과 부지런함으로 문제를 해결할 수 있는 상황이라면 마르다는 언제나 좋은 동역자다. 그러나 사람이 아니라 하나님의 손과 마음을 필요로 하는 상황에서는 마르다의 고된 일과 부지런함이 문제를 일으킬 수 있다.

당신 안에 있는 '마르다'는 어떤 문제 상황이나 도전적인 상황이 펼쳐지면 본능적으로 '힘'이 들어간다. 그것이 지력이든, 체력이든, 의지력이든, 분석력이든, 설득력이든 다른 어떤 종류의 타고난 기술과 능력이든 그런 힘을 사용하려고 한다.

문제는 하나님이 당신의 힘에 끌리지 않으신다는 것이다. 오히려 하나님은 당신의 연약함에 끌리신다. 주님께 다가와서 자기 생각으로 공격하던 '꾸짖는 마르다'는 오히려 자신이 꾸짖음을 당하고 엎드려 마리아의 자세를 취하라는 음성을 듣게 된다.

당신 안에 있는 마르다를 위한 검증된 해법이 있다. 그것은 당신의 힘이 아니라 당신의 연약함으로 주님께 다가가라는 것이다. 그것이 바로 예수님께서 지역 교회에 설교하러 가셨을 때 손 마른 사람이 했던 것이다.

"예수께서 그들의 생각을 아시고 손 마른 사람에게 이르시되 일어나 한가운데 서라 하시니 그가 일어나 서거늘, 예수께서 그들에게 이르시되 내가 너희에게 묻노니 안식일에 선을 행하는 것과 악을 행하는 것, 생명을 구하는 것과 죽이는 것, 어느 것이 옳으냐 하시며 무리를 둘러보시고 그 사람에게 이르시되 네 손을 내밀라 하시니 그가 그리하매 그 손이 회복된지라"눅 6:8-10.

예수님이 그에게 손을 내밀라고 하셨을 때 주님은 어느 손을 내밀라고 말씀하지 않으셨다. 그에게는 온전치 않은 손도 있었지만 온전한 손도 있었다. 예수님은 그에게 특정한 손을 내밀라고 하지 않으시고 이렇게 말씀하셨다. "네 손을 내밀라."

이제 그 사람이 결정을 내려야 했다. 그는 갈등했을 것이다. '나의 힘을 보일 것인가? 나의 약함을 보일 것인가? 이 모든 사람 앞에서 주님께 내 메마름을 보여야 하는가?'

우리는 교회에서 사람들을 만날 때 모든 것이 괜찮은 것처럼 보이려고 한다. (사실은 그렇지 않는데도 말이다.) 결국 우리는 사람들에게 우리의 약함을 숨기고 속이기 위해 우리의 온전한 손을 내민다. 그리고 주님을 만날 수 있는 순간을 놓치고 만다. 우리의 약함 대신 강함으로 주님께 나갈 때마다 이런 일이 반복된다.

육체의 질병을 앓던 이 남자는 예수님의 눈빛에서 무엇인가를 읽었다. "주머니든 옷깃 속에든, 네가 감춰 두고 있는 메마름을 꺼내어도 좋단다."

그 남자가 만약 온전한 손을 내밀었다면 전에도 무수히 그랬던 것처럼 그날도 마른 손을 가지고 집에 갔을 것이다. 그러나 그는 과감하게 마른 손을 내밀었고 자신의 약함을 모두에게 공개했다. 예수님은 온전한 두 손과 평생의 간증을 담아 그를 집으로 돌려보내셨다. 당신은 어느 손을 과감하게 주님 앞에 내밀겠는가?

당신의 '마르다적인 기질'이 당신의 인생을 압도하고 마리아적인 마음의 열정을 잠식하는 것 같다면 당신의 강함을 보이려고 애쓰지 말라. 하나님의 임재의 자리로 나아가서 당신의 연약함과 메마름을 주님 앞에 공개하라. 당신이 주님과의 만남의 순간을 위해 분주한 일상을 포기하기로 결정하는 순간 주님은 당신을 만나 주실 것이다.

마르다의 자기 독립적인 성향 대신, 이제는 마리아의 하나님을 의지하는 성향을 회복하라. 당신의 옷깃에서 깨어짐과 메마름을 끄집어내어 말하라. "아니오. 괜찮지 않습니다. 저는 간절히 주님이 필요합니다. 저는 주님을 꼭 만나야 합니다. 필요하다면 모든 사람 앞에 저의 연약함을 내어놓을 수도 있습니다. 저는 주님을 뵈어야 합니다."

이때가 바로 당신의 연약함을 드러내고 그분의 강함을 받아들일 순간이다. 당신에게 일어날 수 있는 최선의 사건은 주님의 발 앞에서 당신의 '마르다'가 당신의 '마리아'와 만나는 것이다.

주님의 발 앞에서 보는 인생관과 마르다가 고된 식탁에서 보는 왜곡된 세계관은 전혀 다르다. 우리가 사물에 대한 관점과 시각을 바꾸면 우리 안에 있는 마리아와 마르다 사이에 거룩한 균형을 발견할 수 있다.

우리 안의 마리아는 주님의 모든 표현과 말에 집중하며, 우리 안의 마르다는 사람들의 모든 표현과 분노를 파악한다. 어떤 문제에 접근하면서 두 방법 사이에 마음이 나뉜다면 당신의 마리아에게 마르다의 관점을 고려하도록 해 주고, 마르다에게는 주님 발 앞에 있는 마리아의 위치에서 상황을 재점검하도록 해 주라. 평안이 머무는 장소는 바로 둘 사이의 어느 지점이기 때문이다.

하나님은 당신 안에 있는 마리아를 찾으신다. 신령과 진정으로 하나님을 예배할 열정적인 예배자를 찾으신다. 또한 하나님은 당신이 주님을 위해 "당신의 몸을 산 제사로 드릴"롬 12:1 책임이 있다고 보신다. 당신 안에 있는 마르다는 "예, 주님!"이라고 열정적인 대답을 하며 달려갈 책임이 있는 것이다.

생명이 더 이상 자신의 것이 아님을 아는 사람들은 그리스도의 이름으로 힘든 일을 하는 것을 주저하지 않는다고전 6:20 ; 눅 14:26. 그리스도 안에서 새 생명을 얻은 사람들은 섬김의 일을 거부하지 않는다. 그들은 죽어 가는 에이즈 환자들이 있는 병동에서 섬기기도 하고, 알코올이나 마약에 중독된 사람들을 섬기기도 한다.

이 모든 일은 한때 영적으로 죽어 있었으나 그리스도 안에서 새 생명을 얻은 사람들이 주님께 드리는 섬김이다. 그것은 그들의 삶을 통해 하나님께 올려 드리는 아름다운 찬양의 울림이다.

예수 그리스도는 우리의 육체를 버리라고 하시거나, 마르다의 실제적인 섬김이 쓸데없다고 버리지 않으셨다. 다만 우리에게 우선순위와 열정을 유지하라고 요구하실 뿐이다. 어떻게 하면 되는가? 주님의 말씀을 그대로 따르면 된다. 날마다 자기를 부인하고 제 십자가를 지고 주님을 좇으라. 소외되고 상처받고 방황하는 세상 속에 하나님의 사랑을 전달하는 통로로 당신 자신을 드리라 눅 9:23 ; 롬 12:1. 그 지점이야말로 사랑의 섬김을 통해 하나님과 사람이 만나는 곳이며, 당신의 진정한 자아를 발견하는 곳이다.

주님의 가르침을 보면 우선순위의 갈등 속에 균형을 제시하는 말씀이 가득하다. "그런즉 너희는 먼저 그의 나라와 그의 의를 구하라 그리하면 모든 것을 너희에게 더하시리라" 마 6:33. (하나님과 하나님의 얼굴을 구하라. 그리하면 하나님은 하나님이 가지신 모든 것을 기꺼이 부어 주실 것이다.) 또한 하나님은 말씀하셨다.

"그러나 너를 책망할 것이 있나니 너의 처음 사랑을 버렸느니라. 그러므로 어디서 떨어졌는지를 생각하고 회개하여 처음 행위를 가지라" 계 2:4-5.

처음 사랑과 처음 행위로 돌아가라. 다른 것들을 더 이상 사랑하지 말고 마리아처럼 첫사랑 하나님을 온 마음과 뜻과 정성과 힘을 다해 사랑하라. 또한 마르다에게서 교훈을 배우라. "네 이웃을 네 몸과 같이 사랑"하기 위해서 최선을 다하라.

이제는 마리아와 마르다가 모두 함께 모여 하나님과 사람이 만날 수 있는 연합의 자리를 만들어야 할 때다.

CHAPTER 7 당신의 신발이
내게는 맞지 않아요

안전지대의 반대편에 들어설 때

오늘날의 교회에서 마리아와 마르다 간의 갈등을 종식시킬 가장 중요한 열쇠를 내 친구가 간결한 문장으로 말해 주었다. 내가 함께 사역하는 많은 동역자와 이 주제에 관해서 한참을 토론한 뒤에 그가 던진 말이었다. 그의 말을 듣고 우리는 놀랍고도 새로운 개인적인 통찰력을 얻게 되었다. 그는 말했다.

"이제 알겠네. 나는 마리아의 경험을 가진 마르다인 거야."

그렇다면 그는 영적인 정신분열증 환자인가? 만약 내가 당신 신발을 신는다면 걷지 못하는 것은 아니겠지만 불편할 것이다. 마르다의 신발이 마리아에게는 맞지 않는다. 반대로 마리아의 신발도 마르다에게는 맞지 않는다. 하나님은 당신의 몸에 맞는 '피부'를 제작해 주신 것이다.

토론 자리에 있던 또 다른 친구는 자신과 아내가 경험한 사건에 대해서 말했다. 그 사건으로 인해 그들은 완전히 인생이 새로워졌다고 말했다. 내 친구는 루이지애나 지역에서 꽤 명성이 높은 의사다. 다음은 그가 아내와 함께 어느 대도시를 방문했을 때 일어난 일이다.

두 사람이 아주 근사한 레스토랑 입구를 걸어나오는데 행색이 초라한 한 노숙자 여자와 정면으로 마주치게 되었다. 내 친구는 머릿속에서 수많은 감정과 생각들이 오갔지만 무엇보다 이 우연한 만남은 하나님이 예비하신 사건이라는 사실을 감지했다.

그 부부는 위험을 무릅쓰고 그 여인을 음식점으로 데리고 들어가서 따듯한 음식을 대접하기로 결정했다.[22] 이들은 정말 하나님을 갈망하는 사람들이다. 내 친구가 의사가 된 것도 사람들을 돌보고자 하는 마음 때문이었다. 그래서 그는 이 이야기를 하면서 중간에 얼마나 눈물을 흘렸는지 모른다.

부부는 서로 결정한 대로 그 여자에게 제안한 뒤 여자를 데리고 음식점으로 들어갔다. 음식점에서 여자에게 필요한 음식을 잘 대접하는지 확인하고 도와주기 위함이었다. 마침내 그들은 이 여자가 어마어마한 양의 음식을 접시에 쌓는 것을 보았다. 도저히 한 사람이 먹을 분량이 아니었다. 여자는 그들의 의구심을 알아챈 듯 말했다. "남은 음식은 저를 기다리고 있는 배고픈 아이들에게 주려는 거예요."

잊을 수 없는 마르다의 경험을 한 마리아

내 친구 부부는 평소에 매우 긍휼이 많은 사람들이다. 하지만 그날 밤 그들의 인생은 완전히 변했다. 그들은 하나님과의 만남을 경험한 것이다. 그들은 배고픈 하나님이 아니라 배고픈 여인을 만났다. 그리고 그들에게 그 만남은 영적인 임재 체험이었다. 그들은 너무나 영적인 일에만 몰두해 오던 마리아 같은 인생을 살아왔음을 깨닫고, 하나님께서 그들의 삶에 균형을 원하신다는 사실을 알게 되었다. 하나님은 이 '두 마리아'에게 마르다의 경험을 주시고 깨달음을 각인시켜 주셨다.

좋든 싫든 우리는 하나님이 우리를 자연적인 안전지대의 반대편에 들어가도록 이끄시는 시절을 경험한다. 우리가 그분의 손길에 순종하면, 영적으로 자신을 조정해야 하는 수고가 필요하지만 놀랍게도 인생을 변화시키는 하나님의 임재 체험이 가슴에 새겨진다.

당신이 나리아의 경험을 가진 마르다이든, 어쩔 수 없이 미르다의 경험을 가진 마리아이든 상관없다. 하나님은 당신의 삶 속에, 그리고 교회의 중심에 그분을 위한 안전지대를 세우기 원하신다. 다시 말해 하나님은 마리아와 마르다 두 사람 모두를 원하신다. 둘이 하나를 이루어 당신의 삶 속에서 일하기를 원하신다.

쭉 지켜보니 마리아들은 마르다의 경험을 하는 시절들에 대해서 아주 큰 어려움을 갖는 것 같다. 대부분의 '하나님을 갈망하는 사람들'은 자신을 마리아라고 생각한다. 그리고 그들은 자신에게 말한다. "물론 하나님이 영의 세계 안에 마르다를 끌어들이실 수도 있죠. 하지만 정말 마리아를 데려다가 가난한 자를 섬기는 것 같은 일반 영역에 두실까요?"

마리아와 마르다의 사역을 규정짓는 한계선은 열정passion과 긍휼compassion의 차이다. 내가 보기에 열정은 하나님을 향한 수직적인 사랑을 의미하고, 긍휼은 이웃을 향한 수평적인 사랑을 의미한다.

그리스도의 십자가는 하나님을 갈망하면서도 사람들을 섬기는 그분의 완벽한 계획을 형상화한다. 갈보리 언덕 십자가의 수직선은 하늘에 계신 하나님과 이 땅의 타락한 사람들 사이의 깊은 골을 메우신 주님의 완벽한 순종과 하나님을 향한 사랑을 보여 준다. 자신을 희생하신 십자가의 수평선 위로 달려 있는 주님의 두 팔은 인자로 오셔서 타락한 인간을 긍휼히 여기시고 기꺼이 초대하시는 주님을 온전히 보여 준다.

갈보리 십자가의 두 요소가 모두 필요하다

마리아의 수직적인 사역은 하나님의 심장으로 곧장 달려가며, 마르다의 수평적인 사역은 하나님의 심장으로부터 사람의 심장으로 곧장 달려간다. 우리의 가슴과 교회 안에는 갈보리 십자가의 두 요소가 모두 있어야 한다.

실제적으로 말하자면, 인생의 시절에 따라 우리가 이전과 다른 방향으로 '이끌어진다'고 느낄 때 놀라지 말아야 한다. 하나님은 우리를 너무나 사랑하시기 때문에 우리가 영적 침체에 빠져 있도록 가만두시지 않는다. 하나님은 끊임없이 우리와의 만남을 계획하신다. 그래서 우리가 늘 새 마음으로 민감하게 주님과 교제할 수 있도록 하신다. 주님께서 깜짝 놀란 천사들에게 이렇게 말씀하실 것 같다. "내 자녀들과의 만남을 예비하는 것보다 내게 더 중요한 것은 없단다!"

어떤 시절을 지날 때는 성령께서 하나님의 임재를 향한 영적인 열정의 우물로 이끌어 가심을 느낄 수 있다. 그러나 다른 시절에는 하나님의 긍휼의 강물이, 주님이 목숨을 바쳐 사랑하신 사람들에게로 흘러가도록 하시는 것을 느낄 수 있다. 대부분의 경우 당신이 감지하는 성령의 '이끄심'은 자기 의지의 저항을 둘러싸고 있는 하나님의 일관된 의지다. 하나님은 그 크신 사랑으로 당신이 그분을 뜻하지 않게 '마주치게' 하셔서 인생 여로의 반대편을 경험하게 하시고 새로운 영적 열정을 일깨워 주신다.

당신이 마리아의 경험을 가진 마르다라면 오로지 기도하고 예배하는 것만 할 수 있는 시절에 들어설 수 있다. 당신이 그렇게 즐기던 긍휼 사역을 잠시 내려놓는다 해도 그로 인해 죄책감을 느끼지 말라. 다 하나님이 하신 일이기에 괜찮다.

다만 주님과의 거룩한 허니문을 즐기라. 그동안 완전히 내려놓았던 하나님을 향한 갈망에 헌신하라. 가장 기대하지 않았던 순간에 당신은 하나님의 고요하고 세미한 음성을 들을 것이다. "준비하라. 예배의 다락방에서 강력한 영적 분위기 속에 머리에 불이 임하는 것을 체험하게 되면, 그때 문을 두드리는 작은 노크

소리를 듣게 될 것이다."

하나님은 당신에게 사람들을 보내실 것이다. 스데반 시대의 헬라파 과부들을 보내어 당신으로 하여금 음식을 대접하는 기술을 사용하게 하실 수도 있고, 오늘날로 말하자면 노숙자 여인을 보내어 따듯한 밥 한 그릇을 대접하도록 하실 수도 있다.

당신이 마리아라면 당신도 개인적으로 선호하는 일들의 반대편에서 보내는 시절이 있어야 한다. 기뻐하고 즐거워하라. 왜냐하면 당신에게 유익하기 때문이다. 하나님은 당신이 그분께 올려 드리는 모든 찬양과 경배의 선물과 제사를 기뻐 받으신다. 그리고 하나님은 당신을 훈련시키셔서 예수님처럼 균형 잡힌 모습으로 만들어가기 원하신다.

"하나님이 미리 아신 자들을 또한 그 아들의 형상을 본받게 하기 위하여 미리 정하셨으니 이는 그로 많은 형제 중에서 맏아들이 되게 하려 하심이니라"롬 8:29.

반대편에서의 시절을 통해 당신은 확장될 것이다

반대편에서의 시절에 시간을 투자하는 것이야말로 하나님의 거룩한 목적을 수직적이고 수평적인 사랑 안에서 성취해 나가는 가운데 당신의 마음과 영혼을 확장시킬 수 있는 절호의 기회다. "그가 우리를 위하여 목숨을 버리셨으니 우리가 이로써 사랑을 알고 우리도 형제들을 위하여 목숨을 버리는 것이 마땅하니라"요일 3:16.

때로 당신은 섬김의 삶으로 인생을 헌신한다. 그리고 때로는 무릎을 꿇고 눈물을 쏟는 중보기도를 통해 헌신의 제사를 드린다. 하나님은 당신이 두 가지 모두에 준비된 사람이 되기를 원하신다.

가룟 유다를 생각해 보라. 그는 3년 동안 하나님의 아들과 살을 맞대고 살았지만 결국 그를 배신하고 말았다. 사랑하는 주님과의 인격적인 관계를 포기하고 한 줌의 '돈'을 쥐겠다고 천상으로 가는 포장도로 밑에 깔려 있는 인간적인 패역함을 선택하다니, 도대체 무엇이 문제란 말인가? 아마도 유다가 마리아의 경험을 한 번도 제대로 해보지 못한 마르다였던 것이 문제였을 것이다.

열두 제자의 금전 관리자로서 유다는 다른 제자들이 물질 관리에 관한 한 자신을 신뢰하도록 만들었다. 실제로는 노석이년서도 말이다요 12:4-6. 분명 그는 하나님이 정말 소중하게 생각하신 부요함에 투자하는 법은 알지 못했다. 그 부요함은 사람의 마음에 담는 무조건적인 사랑이다.

하나님의 임재가 삶에 흘러넘칠 때 어떤 일이 일어나는가?

스데반은 하나님을 향한 신실한 믿음으로 잘 알려진 사역자로서 처음에는 마르다 사역으로 시작했다. 하지만 하나님과의 관계가 너무나 강해져서 하나님의 임재가 그의 삶에 흘러넘치고 믿음과 능력으로 기적을 일으키기 시작하자 마침내 마리아

사역을 하게 되었다. 스데반은 마르다로 시작했지만 인생을 변화시키는 마리아의 놀라운 경험을 했던 것이다. 그래서 그의 불같은 열정으로 인해 역사상 기록된 그리스도를 위한 첫 번째 순교자가 된 것이다 행 6:5-7:60.

어부 베드로는 "빨리 결판내자! 지금 하자!" 하는 스타일의 사람이었다. 멋지게 믿음으로 발을 내밀었을 때도 마침내는 감당을 못하고 입을 내밀어야 했다.

이 충동적인 어부는 심장이 뛰는 곳에 칼을 꽂아야 한다고 믿는 사람이었다. 하지만 성경 어디에도 그가 예수님과 순례하던 시절에 기도나 묵상을 깊이 하는 사람이었다는 증거는 없다. 예를 들어 예수님이 겟세마네 동산에서 기도하시는 동안 모든 제자가 잠이 들었다. 하지만 주님은 베드로만 지적해서 책망하셨다 마 26:40. (아마도 그가 열두 제자 중에 수제자였기 때문일 것이다.)

유다가 대제사장의 하속들과 한 무리의 군인들을 데리고 예수를 잡으러 동산에 왔을 때도 베드로는 칼을 뽑아서 대제사장의 종 말고의 오른쪽 귀를 잘랐다. 예수님은 칼을 쓰지 못하도록 막으시고는 그 사람의 귀를 치유해 주셨다. 그리고 베드로에게 경고하시기를 칼을 쓰는 사람은 칼로 망할 것이라고 하셨다.[23] 하나님이 다친 자를 치유하시기 전에 제자들을 무장 해제시키신 일을 생각하면 놀랍다.

세상에서 볼 때 베드로는 담대하게 돌진하는 형으로, 전투적인 사람이었다. 잘못된 방향을 설정했을 때에도 베드로는 수

제자였다. 하지만 사람들의 인정에 대해서는 끊임없는 목마름을 갖고 있었던 것 같다. 베드로의 초기 사역을 보면 대부분 그런 모습을 발견하게 된다. 그가 주님을 부인하느니 차라리 주님과 함께 죽겠다고 큰 소리를 치자, 다른 제자들도 그와 한목소리로 동의했다. 나중에 베드로는 한 계집종이 그를 예수의 친구라고 고발하자 당황하며 세 번이나 주님을 부인했다. 두려웠던 것이다마 26:33-35, 69-75.

하지만 다락방에서 성령으로 충만케 되는 극단적인 마리아 체험을 한 뒤로는 모든 것이 변했다. 그 기도의 다락방에서 나온 뒤 처음으로 사도적 설교를 담대하게 선포했을 때, 무려 삼천 명의 사람들이 대낮에 예루살렘 거리에서 그의 부름에 응답했다행 1:12-14 ; 2:1-4, 14-41.

기도할 때마다 기적이 일어난다

성경에서 베드로가 기도했다고 기록된 곳마다 기적적인 사건들이 잇따라 일어난 것을 발견할 수 있다. 베드로가 지붕 위에 올라가서 기도할 때 그는 하나님이 보여 주시는 환상을 보게 된다. 그 환상은 비천한 이방인들도 하나님의 구원 계획에 포함된다는 내용이었다행 10:9-20.

반면 그가 기도의 골방을 떠나서 고위급 바리새파 유대인 동료들과 어울리고자 했을 때는 상황이 안 좋게 돌아갔다. 마치 그는 천상의 비전을 한순간에 망각하고 사람의 축복과 인정을 즐기고 있는 듯하다. 그래서 사도 바울이 베드로의 인종차별과 종교적 편애를 공개적으로 책망하고 나서야 베드로는 정상으로 돌아올 수 있었다 갈 2:11-14.

베드로는 세상적으로 볼 때 꾸준하게 '양을 먹이는 목자' 타입이라기보다 행동이 앞서는 지도자 타입이었다. 예수님은 부활 후 베드로의 인생에 균형을 잡아 주셨다. 주님은 특별히 베드로에게 양을 먹이고 돌보라고 세 번이나 말씀하셨다요 21:15-17.

우리가 잘 알듯이 베드로는 성공적으로 자기 성품의 '반대편'으로 넘어갔다. 진정으로 양을 돌보는 목자가 되었기 때문이다. 오늘날의 그리스도인들도 베드로 사도가 성도들에게 보낸 (그의 성격대로) 간결한 서신서에 담긴 영적 유산으로 인해 여전히 '꼴을 먹고' 있지 않는가?[24]

하나님은 결승선을 향한 마지막 역주에 관심을 두신다

베드로의 '인간적인 모습'이야말로 우리에게 많은 격려가 된다. 얼마나 많은 사람이 어려운 시기에 이런 말을 하는지 모른다. "베드로가 할 수 있었다면 나도 할 수 있어."

베드로의 단점들은 지난 수세기 동안 전파된 수천수만 편의 설교에 영감을 불어넣어 주었다. 하지만 베드로의 인생에 부어진 하나님의 은혜 역시 수백만의 성도들이 다시 일어날 수 있도록 감동을 주었다. 하나님은 베드로의 불안한 출발이나 반복되는 추락에 초점을 맞추시는 것이 아니라, 결승선을 향한 그의 마지막 역주에 초점을 두시는 것이다.

계집종의 고발에 무서워 예수님을 부인했던 바로 그 베드로가 자신의 생애 마지막에 그리스도를 위해 기꺼이 목숨을 바쳤다. 교회의 전통에 따르면 베드로는 사형 집행인에게 자신을 십자가에 거꾸로 매달아 달라고 부탁했다고 한다. "내가 어찌 감히 내 주님이 십자가에 달리셨던 그대로 달려서 죽을 수 있겠습니까!"

말고의 귀를 자르고 주님을 배신하던 베드로를 변화시킨 것은 '반대편'에서의 일련의 마리아 경험이었다. 핵심을 짚어서 말한다면 그는 이런 말을 했을 것이다.

"나는 마침내 나의 원래 모습을 잘라내고 도려냈습니다. 나는 나를 사랑하시는 그분을 알고 있습니다. 이제 당신들이 원하는 대로 나를 자르십시오."

당신은 앞으로 인생의 한 시절에서 다음 시절로의 변화와 이동을 경험하게 될 것이다. 하나님이 목적을 가지고 당신을 마르다의 위치와 마리아의 위치 사이를 오가게 하신다 할지라도 기분 나빠하지 말라.

그 집을 세우려면 마리아도 마르다도 필요하다

하나님이 당신을 마르다의 위치로 데리고 가실 때는 이 땅의 영역에서 긍휼히 여기는 마음과 자원하는 손길로 처리해야 할 일들이 있으신 것이다. 하나님이 당신을 마리아의 위치로 데리고 가실 때는 저 하늘의 영역에서 찬양과 경배 가운데 열정적으로 마음과 손을 올려 드려서 해결해야 할 일들이 있으신 것이다.

이런 말이 있다. "아이 하나 키우려면 마을이 필요하다." 이 중적인 품성을 지니신 주님과 또 주님이 사랑하는 사람들을 위해 편안한 집을 세우려면 마리아와 마르다가 모두 필요하다.

당신이 마르다 경험을 가진 마리아이든, 마리아 경험을 가진 마르다이든 간에 주님께서는 모두 똑같다. 예수님은 기준을 세우셨고, 마리아와 마르다는 그 기준을 우리에게 알려주는 데 도움을 주었다. 당신의 마음이 마리아의 위치에 있는 한, 그리고 당신의 몸이 마르다의 위치에 있는 한, 당신은 잘하고 있는 것이다. 이것이 바로 예배자의 마음과 섬기는 종의 태도가 연합한 그림이다.

진정한 부흥은 하나님이 나타나실 때에만 일어나는 것이 아니다. 또한 진정한 부흥은 수많은 인파가 모였다고 일어나는 것도 아니다. 진정한 부흥은 하나님과 사람이 동시에 동일한 장소에 나타날 때 임하는 것이다.

그런 일이 일어나려면 당신은 두 개의 영역에서 모두 믿을 만해야 한다. 하나님을 초청하여 그분의 임재를 보려면 마리아의 능력이 필요하지만 아픈 사람들을 돌보는 데 있어서는 마르다의 명성이 또한 필요하다. 이 두 가지 촉매제는 당신의 집에 진정한 부흥을 일으키는 영적 시너지를 제공할 것이다.

마리아와 마르다가 한집에서 평화롭게 살아갈 때 당신은 주님을 부를 수 있을 것이고, 주님은 당신에게 능력을 부어 주실 것이다!

청년 사울이 영적 여정을 시작했을 때 그의 모습은 헌신된 '마르다'가 하나님의 이름으로 악한 일들을 했던 것과 같았다. 교회 역사를 볼 때 잘못된 종교적 열광주의자들은 자신들이 옳다고 믿는 방식으로 생각하거나 예배하지 않는 사람들을 죽임으로써 하나님의 일을 한다고 생각했다. 사울은 자신이 잘하고 있다고 생각했다. 분명히 악한 행동을 하고 있는데도 하나님이 자신의 동기를 지지해 주신다고 믿었기 때문이다. 부활하신 그리스도는 단 30초의 마리아 경험을 통해서 잘못된 '마르다' 사울을 '마리아' 바울로 변화시키셨다.

우리의 최대 과제는 어떻게 양쪽을 유연하게 오가는가를 배우는 것이다. 당신은 인생에서 마리아의 예배 쪽으로 더 기울기나 마르다의 섬김 쪽으로 더 기우는 시절을 지내 보았는가?

나의 인생에서도 하나님이 내 영혼 안에 무엇인가를 시작하신다는 것을 느끼는 시절들이 있었다. 나는 기질적으로 '관리하는 것'을 좋아하지만 사무실의 끝없는 일들에 파묻히거나, 실제적인 사역이나 가정에서의 일들에 휘말려서 정신을 빼앗기고 싶지 않았다. 때로 하나님은 나를 기도의 골방과 예배의 자리에서 끄집어내셔서 다른 사람들의 필요를 채우는 섬김과 긍휼 사역으로 인도해 오셨다.

반대편으로의 작은 여행길에 오르다

우리 대부분은 3개월에 한 번씩 한쪽 편에 열정을 쏟아붓고 있다가 반대편으로의 작은 여행에 오르는 경험들을 하는 것 같다. 물론 하나님은 5년 내지 7년이나 걸리는 장기간의 시절로 인도하실 때도 있었다. 하나님이 우리에게 반대편으로의 여행길에 오르게 하시는 것은, 하나님의 왕국에 있어서나 우리 각자의 삶에 있어서 그분의 특별한 목적을 이루는 데 더 놀라운 역사를 일으키시기 위해서다.

만약 당신이 마리아가 되기 위해서 타오르는 새로운 열정을 경험하고 있는 마르다라면 온 마음을 다해 노력하라. 만약 당신이 마르다의 긍휼 사역에 이상하게 마음이 쏠리는 것을 경험하고 있는 마리아라면 하나님을 섬기듯이 사람을 섬기고 사역하라. 그러는 과정에서 하나님은 당신의 인생에 놀라운 균형감각을 더해 주실 것이다.

예수님은 이런 과정을 "자기를 부인하고 날마다 제 십자가를 지는"눅 9:23 것이라고 부르셨다. 바울은 이 과정을 "그 아들의 형상을 본받게"롬 8:29 하는 것이라고 불렀다. 결국에는 같은 것이다. 하나님은 제자도의 십자가 위에 그리스도를 닮은 수평, 수직의 차원을 만드시기 위해 균형을 잡기로 결정하신 것이다.

주님의 능력은 당신의 약함 안에서 가장 크게 역사한다

이 과정을 마리아에서 시작하든 마르다에서 시작하든 상관

없다. 다만 우리는 하나님의 열정에 노출되어 예배하기 시작하는 새로운 시절로 이동하게 될 것이다.

우리 안에 거하시는 하나님이 우리 삶 속에서 가장 잘 드러나고 '강력하게' 역사하시는 시기는 우리 연약함이 그대로 드러날 때다. 성경을 보면 하나님은 바울에게 이렇게 말씀하신다. "나에게 이르시기를 내 은혜가 네게 족하도다. 이는 내 능력이 약한 데서 온전하여짐이라"고후 12:9.

마르다가 하나님의 능력과 공급에 더 의지하려면 기도와 찬양과 예배와 영적 섬김의 자리로 나아가야 한다. 마르다는 내면의 괴로움과 결핍 때문에 생명의 반석 되시는 주님께 더 가까이 가게 되어 있다.

마리아도 주님의 얼굴을 더 열심히 구하려면 기도실의 편안한 환경을 넘어서야 한다. 마리아가 정말 사랑과 경배의 격정적인 깊이를 더욱 경험하려면 사랑하는 주님과의 개인적인 친교의 자리에서 일어나 주님의 이름으로 실생활에서 사람들을 섬기는 자리로 나아가야 한다.

마르다들이 예배하기 시작하고 마리아들이 섬기기 시작할 때 비로소 우리의 삶과 교회 안에 균형이 잡히기 시작한다. 다시 생각해 볼 때, 마리아가 부엌에서 영적인 임재 체험을 하는 것은 마르다가 주님의 발 앞에서 영적인 임재 체험을 하는 것과 동일한 것이다. 예수님은 이렇게 말씀하셨다. "내가 진실로 너희에게 이르노니 너희가 여기 내 형제 중에 지극히 작은 자 하나에게 한 것이 곧 내게 한 것이니라"마 25:40.

우리가 반대편으로 여행하지 못하도록 막는 가장 큰 장애물은 상대를 위협하는 것이다. 마르다가 예배하는 마리아들로 가득한 기도실에서 돌아다니는 것처럼 당혹스러운 것은 없다. 마찬가지로 마리아가 주님과의 친밀한 만남 이후에 눈물을 훔치면서 복잡한 주방을 배회하는 것처럼 당혹스러운 것은 없다.

그래도 마르다는 마리아를 위협하여 부엌에서 몰아내면 안 된다. 하나님이 그분의 방문을 통해 그분의 목적을 이루실 때까지 기다려야 한다. 대부분의 경우 마리아는 부엌에서 마르다가 보여 주는 능숙한 기술을 따라갈 수가 없다. 다만 기도와 예배의 장소로 돌아가라는 주님의 음성을 듣기까지 그 자리에서 성실하게 섬기는 모습을 통해 하나님의 완전하신 뜻을 이룰 수 있다.

은밀하게 하나님께 속삭이다

마리아는 마르다를 위협해서 기도실에서 쫓아내면 안 된다. 때로 기도실에 들어가 보면 기도하는 사람들의 소리와 열정이 나를 압도하는 것을 느낀다. 나는 열정을 가지고 하나님을 섬기는 일에 대해서 충분한 메시지를 증거한다. 그러나 친밀한 기도의 시간이 되면 나는 주님과 개인적인 이야기를 나누기만 하면 된다. 사람들이 하나님과 나의 대화를 엿듣는다 해도 별 느낌이 없을 것이다. 그런데 압도하는 듯한 주변의 기도 소리에 때로는 탁자나 피아노 어디든 그 밑에 기어들어가서 주님께 은밀하게 속삭이고 싶은 심정이 들기도 한다. 왜냐하면 하나님과의 기도 시간을 방해받는다는 위협을 느끼기 때문이다.

어쨌거나 우리는 마르다의 부엌에서든 마리아의 기도실에서든 어디서나 우리의 삶을 통해 하나님의 뜻을 이루어야 하기 때문에 우리를 위협하는 요소들을 극복하는 법을 배워야 한다. 예수님은 영적인 것과 세상적인 것 사이를 항상 오가셨다. 진정한 의미에서 세상에 영향을 주기 원한다면, 우리는 영적인 것을 세상적인 것으로 전이시키는 법을 배워야 한다. 가령 로렌스 형제는 성과 속을 구분하기를 거부했다. 그의 고전적인 15세기 저작 「하나님의 임재 연습」이라는 책에서 그는 설거지를 '예배'라고 불렀다. 겸손한 '접시닦이'의 글은 후대 많은 세대에 영향을 주어 성실하게 사람들을 섬기면서 열정적으로 하나님을 갈망하도록 만들었다.

다윗은 말했다. "주께서 내가 앉고 일어섬을 아시고 멀리서도 나의 생각을 밝히 아시오며 나의 모든 길과 내가 눕는 것을 살펴보셨으므로 나의 모든 행위를 익히 아시오니"시 139:2-3. 두 가지 모두를 위한 때가 있다. 당신은 자연적인 것과 초자연적인 것 사이의 전환을 쉽게 하면서도, 하나님께 대한 '영광'을 사람에 대한 '열광'으로 만들지 않는 법을 배워야 한다.

예수님이 베다니의 바로 그 집을 편안하게 느끼셨던 이유는 마리아가 주님의 신성을 기쁘시게 하고 마르다가 주님의 인성을 대접했기 때문이다. 하나님은 이제 우리에게 패러다임 전환을 요구하고 계신다. 하나님은 하나님의 집안에 마리아와 마르다 모두를 원하신다. 나와 함께 이렇게 기도해 보자.

주님, 주께서 우리 문을 두드리실 때 우리가 때와 시절에 대해 좀 더 민감하게 하옵소서. 마리아처럼 기도할 때가 언제인지, 마르다처럼 섬겨야 할 때가 언제인지 분별하도록 하옵소서. 간절히 주님의 지혜를 구하오니 양자 간의 균형을 맞추어 주님이 우리 안에 편안하게 거하실 수 있도록 하옵소서. 그러는 동안 주님, 마리아와 마르다 사이에 긴장감이 있을지라도 주님의 임재를 모시기 위해 기쁘게 살아가며 일하겠습니다.

CHAPTER 8 우선순위는 하나님의 임재다

우리는 언제 섬기고 언제 예배하는가?

'부족함 없으신 하나님'이 가장 소중히 여기시는 필수품 두 가지를 충분히 갖고 계시지 않는다고 한다면 우리는 믿기 어려울 것이다. 그러나 그것은 사실이다. 그분의 집에는 '주님의 손으로 행하시는 역사'를 일으키기 원하는 사람들이 가득하기 때문에 하나님께서는 실제로 집을 관리할 일꾼들이 부족하지 않으시다. 천상의 부엌에도 아무 문제가 없다. 대체로 많은 사람이 가족을 위해 음식을 만들고 준비하는 일에 부르심을 느끼기 때문이다.

부족함이 드러나는 것은 하나님이 경영하시는 두 가지 주요 영역에서다. 하나님의 집에서 하는 일처럼 그다지 인기도 없고 쉽게 되지도 않는 일들이다.

첫 번째 부족함은 너무나 심각하기 때문에 아버지 하나님께서 직접 해법을 찾기 위해 거리로 나가셨다. 사실 '집안'에서의 부족함에 관한 문제임에도 불구하고 필요가 너무나 커서 하나님께서 직접 그분을 예배할 사람들을 찾아 나서신 것이다. "아버지께 참되게 예배하는 자들은 영과 진리로 예배할 때가 오나니 곧 이때라. 아버지께서는 자기에게 이렇게 예배하는 자들을 찾으시느니라" 요 4:23.

아버지 하나님께서 '샛길'로 가신 이유는 집안에 가득한 마르다들이 '기도하는 영적인 일들' 일체는 마리아가 다루어야 할 일이라고 생각하기 때문이다. 마치 군대의 수송부대에서 섬기는 이등병들이 '싸움에 관련된 것' 일체는 전지에 나가는 보병부대의 소임이라고 생각하는 것과 같다. 자신이 군대의 엔진 정비사이기 이전에 먼저 병사라는 사실을 생각하지 못하는 것이다.

두 번째 부족함은 첫 번째와 연결되어 있다. 예배의 결핍은 항상 사역자의 결핍을 초래한다. 왜냐하면 하나님의 가장 위대한 역사들은 예배에서 잉태된 친밀한 관계로부터 원동력을 얻기 때문이다. 들판에서 일손 부족 현상이 심각해지자 예수님은 우리에게 명령하셨다. "추수하는 주인에게 청하여 추수할 일꾼들을 보내 주소서 하라" 마 9:37-38 ; 눅 10:2.

여기서의 문제는 하나님 집안의 부엌일이 편하기 때문에 아무도 들판에 '나가서' 일하려고 하지 않는다는 것이다. 하나님의 집은 가득한데 하나님의 들판은 텅 비어 있다는 것이 말이 되는가?

사람들이 편안한 가정과 교회에서 나와 기름 부음이 있는 긍훌 사역의 현장에 가도록 그들의 마음을 움직이는 것은 하나님의 열정이다. 진정한 예배는 고립주의로 이어지지 않는다. 대신 잃어버린 자들과 병든 세상을 향한 하나님의 열정을 일으킨다.

주님의 손으로 일어나는 역사에 동참하려는 사람들은 많이 있다. 하지만 하나님은 우리를 찾아오셔서 우리 모두가 그분의 발 앞에 앉도록 인도하신다. 비록 그 자리가 우리가 선호하는 섬김의 자리가 아닐지라도 말이다. 우리가 우리의 삶을 그분의 손에 맡길 때 들판에 필요한 일손은 충분해진다는 것을 하나님은 알고 계신다. 이미 보았듯이 마르다는 주님 발 앞에 앉기보다 부엌에 앉는 것을 선호하여 선택했지만 마침내 그녀는 그 선을 넘어섰다.

마리아의 예배를 반대하고 나선 사람은 가룟 유다였다

마리아가 나병환자 시몬의 집에서 향유 옥합을 깨뜨려 예수님께 부었던 그 밤은 세상의 관점과 하늘의 관점이 완전히 갈라진다는 것을 분명히 보여 주었다. 그날 밤에도 마르다는 부엌에서 섬기고 있었지만 이번에는 그녀의 입에서 아무런 불평의 소리를 들을 수 없었다. 마르다의 마음은 죽은 오라비 나사로를 살려 주신 주님께 선물을 드리는 것이 기쁠 따름이었다. 그러나 그날 밤 마리아의 예배를 반대하고 나선 사람은 웅크리고 있던 배반자 가룟 유다였다.

가룟 유다가 왜 향유를 팔아서 가난한 자들에게 주지 않았느냐고 말했을 때 그는 하나님의 임재보다 가난한 자를 우선시했다 마 26:6-11 ; 막 14:3-7 ; 요 12:1-8. 그리고 그의 말에 몇몇 사람들도 동조했다. 그러자 예수님은 사람들의 이야기를 중단하시고 사람들에게 마리아를 가만두라고 말씀하셨다. "가난한 자들은 항상 너희와 함께 있거니와 나는 항상 있지 아니하리라"요 12:8.

다시 말해서 이렇게 말씀하신 것이다. "가난한 자들을 먹여야 할 때가 있다. 그러나 지금은 바로 나의 임재가 최우선이다."

마르다는 예수님이 잔치 자리에 있는 사람들에게 가르치신 교훈을 이미 배워서 알고 있었다. 주님이 집에 계실 때에는 자기가 추구하던 모든 것을 내려놓아야 한다. 그래야만 주님 발 앞에 앉아 주님 얼굴을 구하는 가장 중요한 것을 추구할 수 있다. 예수님이 교회에 찾아오실 때 우리가 마르다이든 마리아이든, 우리가 주님을 만나는 지점은 바로 예배다.

나의 아버지는 언젠가 이런 말씀을 하신 적이 있다. "마지막 날에는 네 안에 있는 최선의 것이 나올 수도 있고, 최악의 것이 나올 수도 있다. 그리고 그것은 네가 결정하는 것이다."

마리아에게서 최선의 것이 나오도록 만든 당시의 분위기가 유다에게는 최악의 것이 나오도록 만들었다. 유다는 마리아의 사심 없는 선물을 '낭비'라고 비난했다. 예수님께 그런 비싼 기름을 부을 필요가 없다고 말하는 것은 결국 이렇게 말하는 것이다. "엄청난 낭비야! 그럴 만한 가치가 없어!"

박해의 불길은 바로 유다의 마음에서부터 타오르기 시작했다. 종교적 전통의 전당에서 예수님과 그분의 기적들에 대해 '무엇인가를 하라'는 압력이 거세졌다. 제자들은 자신들이 따르던 주님이 승리의 날이 가까워져 올수록 군중들 가운데서 침묵하고 서 계시니 더욱 어울리기가 힘들었다.

이번 유월절이 모든 것을 바꿔 놓을 것이다

나사로의 부활로 인해 산헤드린 공회에 있는 주님의 대적자들은 선을 넘게 되었다. 성대한 절기 유월절이 다가오면서 살인과 음모에 대한 소문이 예루살렘 전체에 퍼졌다요 11:43-57.

마리아와 유다도 그 압력을 느낄 수 있었다. 그들은 이번 유월절이 모든 것을 바꿔 놓을 것이라는 사실을 감지하고 있었다.

예수님의 마지막 날이 가까워 오고 있다는 압박감이 날마다 더해갈 때, 유나와 마리아는 한집 한방에 깉은 잔치 자리에 있었다. 유다는 마리아가 예수님 가까이에서 열정적으로 예배하며 예수님의 가슴에 새겨지는 것을 보고 질투심과 시기심에 휩싸였다. 나사로의 죽음과 예수님의 부활케 하심으로 인한 악소문과 압박감은 마리아를 주님께 더 가까이 다가가게 했다. (반면 유다는 주님과 더욱 멀어졌다.)

유다는 잔치 자리에 마리아가 있다는 것에 분개했던 것 같다. 그 집은 시몬의 집이지 그녀의 집이 아니었다. 당시의 전통으로 보자면, 그릇된 목적으로 그 자리에 참석하는 이상한 여자들 외에 미혼 여성이 부엌에서 나와 공중 연회석에 남자들과 동석하는 일은 생각하기 어려운 것이었다.[25] 그렇지만 마리아는 그 자리에 있었고, 자신의 머리카락으로 주님의 발을 닦았다 요 12:3.

하나님의 임재로 인해 임박한 압력을 느끼거나 적대적인 상황으로 인해 내가 깨질 것 같은 무게감을 느낄 때는 둘 중에 하나다. 당신의 깨어짐은 쓴맛을 낼 수도 있고 단맛을 낼 수도 있으며, 저주가 나오게 할 수도 있고 찬송이 나오게 할 수도 있다. 또한 냉소주의에 빠지게 만들 수도 있고 말할 수 없는 기쁨이 터져 나오게 할 수도 있다. 압박감으로 인해 최선의 것이 나오느냐 아니면 최악의 것이 나오느냐는 전적으로 당신에게 달린 문제다.

압박감을 못 이기고 유다의 연약한 영혼이 깨어졌다

방 안 가득 마리아의 예배가 달콤한 향기가 되어 채워졌을 때 유다의 가슴에는 시기심이 가득하여 입술로 그것을 쏟아 놓았다. 압박감을 못 이기고 유다의 연약한 영혼이 깨어져서 쓴소리를 뱉었다. "넌 기름을 팔아서 그 돈을 가난한 자들에게 주어야 했어."

동일한 압박감으로 인해 마리아의 깨어짐 속에서는 향유가 흘러나왔고, 하나님이 우리에게 잊지 말고 기억하라는 아름다운 헌신과 열정이 흘러나왔다. 마리아는 혼자 이렇게 생각했을 것이다. '지금이 아니면 기회가 없는데. 더 늦기 전에 주님께 드려야 해.'

마리아는 지상에서 주님의 날이 며칠 남지 않았다는 것을 감지했고 그 순간을 포착했던 것이다. "내가 지금 주님께 기름을 붓지 않으면 주님이 죽으실 때 그 누구도 붓지 않을 거야." 그녀가 드린 희생의 대가는 단지 헤아리는 마음뿐이 아니었다. 그러나 비통한 심정의 유다에게 있어서는 돈이 전부였다. "글쎄 저것을 위한 예산은 없는데." 열정은 논리적으로는 할 수 없는 것들을 하도록 만든다.

영적인 세계에서의 압박감이 오늘날 우리 세대에서도 동일하게 더해 가고 있다. 그로 인해 사람들은 하나님을 따르기보다 다른 '일들'을 행하는 데 점점 더 정신이 팔리게 되었다. 우리는 누가복음 10장 40절의 장면을 매일 우리의 교회에서 '재생'시키고 있다. 하나님은 말씀하신다. "마르다야 마르다야 네가 많은 일로 염려하고 근심하나"눅 10:41. 하나님은 우리가 다른 무엇보다 가장 필요한 한 가지, 즉 최선의 것을 선택하기 원하신다. 문제는 우리가 최선의 것을 다른 어떤 것보다도 잘 선택하지 않는다는 것이다.

대부분의 교회는 예배를 드리는 그 자체보다 예배를 위한 마르다의 '사전 준비'를 더 편하게 생각한다. 물론 둘 다 중요하다. 하지만 예배는 예배 준비와는 비교할 수 없이 중요하다. 양자 간은 선택의 문제가 아니다. 우리에게는 둘 다 해야 할 책임이 있다. 하나님은 그분의 집에서 마리아와 마르다가 모두 섬기기를 원하신다.

주님이 오시면 준비를 멈추고 주님을 찬양하라

우리는 전체 모임이 있을 때마다 미리 꼼꼼하게 예배 준비를 한다. 예배에 대한 밑그림을 그리고 예배 순서와 내용에 대해서 미리 자세하게 계획한다. 이런 준비는 하나님을 섬기는 마르다의 최선일 뿐 아니라, 적절한 시간과 장소에서 큰 가치를 발휘한다. 하지만 우리의 실수는 마르다의 그것처럼 주님의 분명한 임재가 나타났을 때도 그분의 발 앞에 앉지 않고 여전히 준비에 몰두해 있다는 것이다. 주님이 나타나시면 준비를 멈추고 주님을 찬양하는 법을 배워야 한다.

우리는 모든 예배를 예배당 제단에서 드리는 데만 사용하는가? 이상적인 관점에서는 멋있어 보일지 모르지만 천상의 관점에서 보면 실제적이지도, 가능하지도 않아 보인다. 하나님은 실제적인 분이시다. 하나님은 우리가 사역에 관련된 일들을 감당할 준비를 시켜 주시기 위해 설교와 가르침과 권고와 다양한 은사들을 제공해 주신다.[26]

우리는 영이신 하나님을 예배하는 동시에 지상에서도 해야 할 일들을 갖고 있다. 이 땅에 한 영혼이라도 구원받지 못한 사람이 있는 한, 우리는 기름 부음 받은 마리아들과 더불어 기름 부음 받은 마르다들의 섬김이 반드시 필요하다.

하나님의 관점에서 볼 때 우리는 자연계에서 초자연계로 이동하거나 반대로 이동하는 데 아무 문제가 없다. 하나님이 우리를 그렇게 만드셨기 때문이다. 우리는 어느 순간에는 하나님의 임재 가운데 숨쉬다가 다음 순간에는 인간과 자연계의 오염된 세상에 하나님의 생명을 전하도록 만들어졌다.

우리의 섬김을 방해하는 문제는 간단하다. 우리는 민감하여 하나님의 분명한 임재가 우리의 모임에 나타나는 때를 알 수 있어야 한다. 그래야만 그에 맞게 조정할 수 있다.

나는 「하나님 당신을 갈망합니다」두란노에서 하나님의 무소부재와 특정한 임재에 대해 다음과 같이 설명했다.

하나님의 무소부재란 그분이 어디에나 항상 계시다는 사실을 가리키는 말이다. 그분은 핵 물리학자들이 볼 수 없어 흔적만 더듬고 있는 원자핵 속의 바로 그 '분자'다. 하나님의 이런 속성이 요한복음에 언급되어 있다. "지은 것이 하나도 그가 없이는 된 것이 없느니라"요 1:3.

… 간혹 설교나 가스펠 음악에 기독교적 영향을 전혀 받지 않은 사람들이 갑자기 성령의 깨우침을 느끼는 것도 그래서 가능하다. 예를 들면 술 취해 술집에 앉아 있던 사람이 갑자기 성령을 체험하는 경우도 있다.

… 그러나 하나님이 어디에나 항상 계심에도 불구하고, 그분의 존재가 특정한 때와 장소에 집중적으로 임하시는 경우가 있다. 많은 사람들이 그것을 '하나님의 명백한 임재'라고 부른다. 그럴 때 사람들은 하나님이 친히 '방 안에 들어와 계심'을 강하게 느낀다. 다시 말해 하나님은 정말 어디에나 항상 계시지만, 어느 특정 시기

에는 '저기'보다 '여기'에 더 많이 계신다.

모세가 광야에서 장인의 양들을 치고 있을 때 이미 광야에는 하나님의 무소부재가 편만이 있었다. 그러나 이스라엘 백성들은 바로의 학정 아래 고통당하고 있었다. 그래서 하나님의 집중적인 임재가 불타는 떨기나무에 분명하게 드러나 모세의 시선을 집중시키고 이스라엘을 이집트의 굴레에서 구원하게 하셨다 출 3:2-8.[27]

사울을 바울로 변화시키신 것은 하나님의 분명한 임재였다

사울이 그리스도인들을 박해하기 위해 다메섹으로 갈 때에도 하나님은 '어디에나' 계셨다. 하지만 바리새인들은 사울이 그리스도인이라고 불리는 변질된 유대교 종파를 진압하는 것이 하나님을 기쁘시게 하는 것이라고 확신했다. 살인자 사울을 만나 그리스도를 위한 순교자 바울로 변화시킨 것은 다메섹 도상 어느 지점엔가 나타난 분명한 하나님의 임재였다 행 9:1-20.

모세와 바울은 하나님의 임재를 인식하고 하나님께 자신의 삶을 드려 영광을 돌린 두 가지의 본보기에 불과하다. 확신컨대 하나님은 특별히 우리가 자신에 대해서 내려놓고 하나님께 초점을 맞추기 시작할 때, 우리 모임에 자주 찾아오신다. 그러나 우리는 그분의 분명한 임재를 잘 인식하지 못한다. 또한 우리는 우리의 예배나 인생을 하나님의 손에 완전히 맡겨 드림으로 그분을 영화롭게 하는 일도 잘하지 못한다.

당신은 친구나 친척을 방문했는데 당신의 방문 때문에 그들의 자연스러운 모임이 불편해진다거나 완전히 스케줄이 정해져 있는 그들의 삶에 방해를 준다고 느낀 적이 있는가? 나는 그런 적이 있었다. 심지어 내가 거기 없는 것처럼 행동하는 사람들도 보았다. 그럴 때면 그들의 손을 잡고 부엌에서 끌어내어 이렇게 말하고 싶다. "여기 와서 앉아서 나와 이야기 좀 하지 않을래?"

"음, 미안한데 이걸 좀 마쳐야 하거든."

그 말을 들으면서 나는 생각한다.

'당신과 시간을 갖기 위해 방문했는데 당신이 하려는 일은 청소하고 음식 만드는 일뿐이군요. 정말 나와의 시간이 소중하다면 내가 오기 전에 이런 것들을 마쳤을 텐데.'

다음의 이야기는 우리 모두의 삶에 나타날 만한 보통의 경우들이다. 다만 주인공이 누군지 모르도록 이름만 바꾸었다.

내가 식탁에서 샌드위치나 샐러드, 디저트의 마지막 한입을 먹는 순간 내 눈앞에 있는 '다 먹은' 접시들을 잽싸게 치우는 여인이 있었다. 아무래도 그녀는 내가 포크를 내려놓는 순간 그녀의 깨끗한 식탁보에 부스러기 하나라도 떨어질까 봐 접시를 치우고 싶은 마음인 것으로 보였다.

또 다른 친구는 기상, 식사, 운동, 취침 시간이 매우 엄격하다. 만약 예정된 식사 시간을 놓치면 불문율에 따라(아마도 기숙사 수칙을 본뜬 것 같다) 다음 번 예정된 '배식 시간'까지 기다려야 한다. 만약 그녀의 취침 시간을 넘어서까지 당신이 그 집에 머물러 있을 때는 두 눈이 휘둥그레지면서 예고 없이 갑자기 자리에서 일어날 것이다. 그 행동은 자신은 자러 가야겠다는 선언이다. 그러고는 방에서 나가면서 마지막으로 나가는 사람이 불을 전부 끄고 문을 잠궈 달라고 부탁할 것이다. 아무리 기대했던 방문일지라도 그녀에게는 그녀의 스케줄을 방해하는 일이나 사람은 용납할 수가 없다.

그 '플라스틱' 가족을 방문하면 그들은 문에서 당신을 맞이하며 신발은 바깥에 벗어 두라고 말할 것이다. 그러고는 정중하게 집안에 사람들이 통행하는 주요 지점마다 새겨 놓은 플라스틱 통행선을 가리킬 것이다. 거실과 식당에는 화려한 가구들, 값비싼 도자기들, 정교한 장식품들로 가득하다. 아이들이라도 있는 가정이라면 거의 악몽 수준이다. 가장 기억에 남는 것은 어느 가구에든 앉을 때마다 이상하게 바삭바삭 소리가 난다는 것이다. 왜냐하면 집안에 있는 모든 좌석, 소파, 2인용 의자에 우아함을 더해 주는 플라스틱 덮개를 씌워 놓았기 때문이다. 심지어 침실에 있는 매트리스조차 딱 맞는 플라스틱 커버로 자랑스럽게 싸여 있다. 무슨 일이 있어도 아무 문제 없게 만들려는 것이다. 하지만 그 잊을 수 없는 '기괴한 소리'를 들으며 한밤을 보내야 하는 손님은 불행하기 짝이 없다.

자신의 전기 진공청소기를 보물 1호로 생각하는 친구가 손에 진공청소기를 들고 나타나면 당신이 떠날 시간이 되었다는 첫 번째 신호다. 그러면 스스로 알아야 한다. '더 이상의 신호는 필요 없어요. 이제 떠날 때가 되었다는 말이니까.' 자리에서 일어나기도 전에 이미 집안에는 진공청소기 돌아가는 소리가 가득하다. 그래서 "안녕"이라고 인사를 하려면 목소리를 높여야만 들릴 정도다. 빨리 움직이지 않으면 첫 번째 대상 구역에 와서 발을 들어 달라고 할 것이다. 바로 그 대상 구역은 당신과 당신 가족이 앉아 있는 자리다.

이런 놀라운 성격의 소유자들이 우리 주변에는 적지 않다. 중요한 것은 그들이 당신이 원하는 만큼 당신의 방문을 소중하게 생각하지 않는다는 것이다. 예수님은 베다니에서 마리아와 마르다가 관련된 첫 번째 사건을 경험하는 동안 이런 느낌을 받으셨을 것이다. 그렇기 때문에 예수님은 마르다에게 본질적인 이야기를 하신 것이었다.

"바로 지금 단 하나의 우선순위가 있는데 네가 지켜야 하는 것이란다. 마르다, 너는 지금 여기 나와 함께 있어야 한다. 음식이나 음료수나 접시들은 나중에 가져와도 괜찮다. 나는 네가 나와 함께 시간을 보냈으면 좋겠구나"눅 10:40-42.

주님은 아직 당신과 얘기가 끝나지 않으셨다

성령께서 그분의 임재의 신선한 바람으로 우리의 예배 가운데 임하실 때 우리가 이렇게 말한다면 성령께서 어떻게 느끼실

지 생각해 보라. "자, 예배의 다음 순서로 넘어가겠습니다."

지금 우리가 무엇을 한 것인가? 우리의 진공청소기를 꺼내 든 것이다. 이런 행동은 성령님께 이런 말을 하는 것과 같다. "글쎄요, 오셔서 기쁘죠. 여기 모자 받으세요. 하지만 급하게 가지 않으셔도 돼요. 어쨌거나 우리는 당신 주변에서 일하고 있겠습니다."

이런 말도 안 되는 이분법이 어디 있는가! 한편으로 우리는 이렇게 말한다. "오 성령님, 오시옵소서! 오셔서 우리 가운데 당신의 임재를 보여 주소서." 그러나 정작 그분이 오시면 이렇게 말한다. "오래 계실 계획이 아니면 좋겠네요. 오븐에는 고기가 익어가고 있고, 회중 가운데는 처음 방문 온 사람도 있고, 예배 순서도 정해져 있어서요."

하나님의 방문하심을 거주하심으로 바꾸지 못하는 것은 우리가 그분의 임재를 소중히 여기지 않기 때문이다. 해법은 간단하다. "마르다, 그분의 임재가 집안에 거할 때 앞치마를 벗고 부엌에서 나와 주님의 발 앞에 앉거라."

우리가 하나님을 경외한다면 그분의 임재를 위한 우리의 준비보다 그분의 임재 자체를 우선시해야 한다. 이 모든 것이 선택의 문제다.

많은 사람이 자기 집 전화기에 '통화 대기'라는 기능을 즐겨 사용한다. 수화기로 대화하는 중에 작은 신호음이 삽입되면 당신은 우선순위에 대한 선택을 해야 한다. 처음 통화하던 사람에게 "기다려 달라"는 요구를 할 것인가? 더 중요한 두 번째 사람과 통화하기 위해서 첫 번째 사람에게 실례할 것인가? 입력되는 전화를 무시하고 대화를 계속한다면 당신의 배우자, 부모님, 도움을 청하는 자녀 또는 미합중국 대통령의 전화를 놓칠 수도 있고, 불필요한 전화를 받지 않는 것일 수도 있다.

"나를 통화 대기 중으로 만들지 말아라"

예수님은 마르다에게 이렇게 말씀하신 것이다. "나를 통화 대기 중으로 만들지 말아라. 내가 최우선순위란다."

주님은 오늘도 우리에게 동일한 말씀을 하고 계신다. 차를 몰고 길을 가다가 주님의 임재가 차 안으로 들어오는 것을 감지한다면 당신은 어떻게 하겠는가? 당신은 영광의 왕께 "나중에 얘기해요, 주님"이라고 말하겠는가? 나라면 차를 멈추고 하나님의 부르심에 반응하겠다.

설교하는 중에 하나님의 임재가 갑자기 개입하는 것을 느낄 때 나는 선택의 상황에 놓이게 된다. 물론 이렇게 말할 수 있다. "주님, 원고대로 해야 합니다." 아니면 이렇게 말할 수도 있다. "최선의 것을 선택할 때가 되었군요. 정말 중요한 것을요. 주님을 따르겠습니다."

인생은 매일매일 끊임없는 선택의 연속이다. 하나님이 인간의 삶을 그렇게 계획하셨기 때문이다. 성경에서 가장 먼저 찾을 수 있는 증거는 시작의 책, 창세기다. 창세기 1장과 2장을 살펴

보면 선악을 알게 하는 나무(그 나무의 실과는 금단의 열매였다)가 동산 중앙에 있었다는 것을 알 수 있다. 그래서 아담과 하와는 매일 그 앞을 지나다녔다. 선악과로 인해서 그들은 날마다 하나님이 최우선임을 고백하지 않을 수 없었다.

만약 정원 배치도를 당신이나 나에게 그리라고 맡겼다면 우리는 선악과를 뒤쪽 구석에 두거나, 가시나무와 덤불로 막아두어서 죄를 피하는 선택이 그다지 어렵지 않도록 만들었을 것이다. 그랬다면 아담과 하와가 금단의 열매를 먹기 위해 평상시 가지 않던 길로 가야만 했을 것이다.

그런데 하나님은 그런 방식으로 생각하지 않으셨던 것 같다. 창세기는 하나님이 모든 생물을 어떻게 만드셨고 지으셨는지 묘사하고, 그들에게 기능하고 생육하도록 명령하셨다고 말한다. 하나님은 땅과 바다와 하늘의 전반적인 위치를 지정하시고, 모든 나무가 땅에서 자라도록 만드셨다. 그리고 하나님은 목적을 가지고 특별한 주의를 기울여 두 나무를 동산 중앙에 위치하도록 하셨다창 2:9. 다시 말해 그것은 우연이 아니었다. 하나님이 목적을 가지고 하신 일이었다.

날마다 나를 선택하라

이런 일이 있지 않았겠는가. 천사들이 창조의 경이로움을 보고 눈이 휘둥그레져 있을 때 하나님이 이렇게 말씀하셨을 것이다. "그래, 바로 거기에 세워야 한다. 내 동산 중앙에 세워야 한다."

천사들이 하나님께 그 이유를 물었을 때 하나님은 이렇게 대답하셨을 것이다. "왜냐하면 내 형상대로 지은 피조물이 매일 그 앞을 지나기를 원하기 때문이다. 그러면 그들은 날마다 금단의 열매를 향한 욕구를 참고, 나와 나의 생명나무를 선택해야 할 것이다."

성경에 이런 구절이 있다. "오늘 택하라"수 24:15. 이 명령을 바꿔서 표현한다면, 우리는 날마다 자신의 십자가를 지라는 예수님의 말씀에 비추어 이렇게 말할 수 있을 것이다. "너는 날마다 선택하라."[28]

사탄은 우리의 잘못된 선택과 뒤섞인 우선순위들을 이용해서 우리의 삶에 간섭할 기회를 찾는다. 예를 들어 예수님은 복음서에서 두 가지 큰 계명을 말씀하셨다.

"예수께서 이르시되 네 마음을 다하고 목숨을 다하고 뜻을 다하여 주 너의 하나님을 사랑하라 하셨으니 이것이 크고 첫째 되는 계명이요, 둘째도 그와 같으니 네 이웃을 네 자신같이 사랑하라 하셨으니"마 22:37-39.

사탄의 1순위는 당신으로 하여금 이 두 가지 계명 중 한 가지에 순종하지 못하도록 만드는 것이다. 이 작전이 통하지 않으면 차선의 것을 최선의 것보다 앞서 배치함으로써 하나님이 주신 우선순위를 뒤바꾸는 것으로 만족할 것이다. 사탄은 당신이 주님을 바라보아야 할 때 당신 자신이나 이웃에 집중하게 함으로써 그 순간 능력을 빼앗아 가려는 것이다. 이 작전이 성공하면 하나님의 방문이 당신의 인생에서 일으키는 모든 기적적인 일을 도적질하거나 막을 수 있기 때문이다.

마르다여, 행주를 내려놓으라. 주님을 예배할 시간이다!

이상적으로 보자면 우리 모임에 주님의 임재가 오는 것을 느끼는 순간 우리는 모든 행주를 내려놓고 말해야 한다.

"자, 여기까지입니다. 준비해 놓은 것들은 나중에 하면 됩니다. 우리가 그토록 사모하던 그분이 여기 계십니다. 이제 주님께 경청하고 주님을 송축할 시간입니다."

그러나 안타깝게도 그 시간은 우리 안에 있는 마르다가 벌떡 일어나 분주하게 일하고 싶어 하는 시간이기도 하다.

그렇다면 당신은 언제 마르다와 함께 섬겨야 하는지, 언제 마리아와 함께 모든 것을 내려놓고 주님의 발 앞에 앉아야 하는지 어떻게 분별하는가? 해답은 간단하다. 주님이 집에 계시면 주님을 기쁘시게 하는 것 외에 그 무엇도 하지 말라. 순서지를 내려놓고 주님 발 앞, 바로 '마리아 위치'로 가라.

교회 예배 가운데서나 개인적인 경건시간에도 주님이 언제 오시는지 주의하라. 주님 오심을 사모하며 기다리라. 결국 주님의 오심이 마르다가 그토록 열심히 준비한 이유가 아닌가. 주님의 임재에 대해 주의를 기울여 기다리라. 주님을 찬양하기 시작할 때는 자신이 마지못해 움직이는 것처럼 느낄 수도 있다. 그러나 거부하는 몸과 걱정하는 마음을 다스리고 믿음으로 예배하라. 성령의 미풍이 당신을 하늘로 이끌어 가는 것을 느끼고 하나님이 오심으로 그 임재의 달콤함을 맛본다면 찬양의 제사는 충분히 드릴 만한 가치가 있는 것이다.

성령을 근심케 하지 않도록 각별한 주의를 기울이라. 바울은 우리에게 경고했다. "성령을 소멸하지 말며"살전 5:19. "하나님의 성령을 근심하게 하지 말라. 그 안에서 너희가 구원의 날까지 인치심을 받았느니라"엡 4:30.

성령을 초대하는 기술을 배우는 법

그렇다면 성령님을 근심케 하지 않으면서 하나님의 임재를 영화롭게 하려면 어떻게 해야 하는가? 당신이 정말 성령을 초대하는 기술을 알고 싶다면 비둘기를 데리고 다니는 사람을 주목해 보라.

내가 열여덟 살 대학생일 때 나의 어머니와 아버지는 해외여행을 가셨다. 그때 나는 어머니가 집에 돌아오시는 날 기념으로 하얀 비둘기를 사 드려야겠다는 생각을 했다. 어머니는 내가 사 드린 비둘기를 너무나 좋아하셨고 무슨 이유에선가 그 이름을 '플레처'라고 지으셨다.

지금껏 나는 플레처 같은 비둘기를 본 적이 없다. 너무나 '사람 손을 탄' 플레처는 때로는 누워서 손으로 자기 배를 긁어 주는 것을 좋아했다. 매일 아침 어머니가 일어나 커피를 끓일 때면 플레처는 어머니가 자기를 새장에서 풀어 줄 때까지 구구구 소리를 비롯한 다른 소리들 내기를 멈추지 않았다. 그러고는 어머니가 커피를 마시는 동안 그 어깨 위에 앉아 있는 것을 좋아했다. 때로는 커피잔 테두리에 앉아서 함께 커피를 마시기도 했다. 이렇게 이상할 정도로 잘 길들여진 새가 있을까? 그러나 플레처는 잘 길들여져 있는 것만이 아니었다. 그만큼 플레처는 우리가 그의 행동반경 안에서 움직이는 것에 매우 민감하게 반응했다.

내가 마침내 배운 것은 플레처가 내게 날아오기 원한다면 가만히 멈춰 있어야 한다는 것이었다. 플레처가 내 어깨나 손에 착지해 있다 하더라도 갑자기 움직이거나 방향을 너무 빨리 바꾸면 날아가 버렸다. 우리는 많은 연습을 통해 플레처를 어깨나 손에 앉혀 놓고 집안을 돌아다니는 법을 배우게 되었다. 우리는 걷는 법을 배워야 했던 것이다. (성경은 이것을 "자세히 주의하여" 걷는다고 말한다 엡 5:15.)

통제하려고 잡으면 성령을 근심케 하고 소멸시킬 수 있다

사복음서는 모두 성령을 "비둘기 같다"고 표현한다 마 3:16 ; 막 1:10 ; 눅 3:22 ; 요 1:32. 교회 안에 있는 사람들이 비둘기를 데리고 돌아다니는 장면을 상상해 보라. 어떤 사람들은 팔을 벌리고 비둘기가 언제 어디든 자기가 앉고 싶은 대로 하게 해 줄 것이다. 하지만 그들 대부분은 실생활에 돌아가서는 주먹을 꽉 쥐고 '비둘기를 붙잡아' 가두어 두곤 한다. 이것을 보면 우리가 어떻게 성령을 '데리고 다니려 하는지' 알 수 있다. 우리는 이런 식으로 하나님을 꽉 '붙잡으려고' 한다. 그러는 과정에서 우리는 성령을 근심케 하고 소멸시킨다.

자연계에서 정말 비둘기를 그렇게 꽉 붙잡으면 비둘기는 죽을 것이다. 반면 비둘기를 부드럽게 운반하는 법을 배울 수 있다면, 비둘기는 당신이 어디를 가든 당신의 손이나 어깨 위에 만족스럽게 머물러 있을 것이다. 우리는 우리 집, 교회 예배, 심지어는 우리가 사는 도시의 거리들 위에 성령을 초대하고 그분을 기쁘시게 하는 법을 배워야 한다.

때로 마리아와 마르다는 이중적인 품성을 가지신 주님을 초대하는 놀라운 능력을 계발하였기 때문에 주님은 예루살렘의 저택이나 호텔들보다도 그녀들의 집에 머물기를 기뻐하셨다. 하나님은 오늘날에도 그런 베다니를 여전히 찾고 계신다. 주님은 마리아와 마르다가 함께 민감하고 순전한 마음으로 주님의 신성과 인성을 섬기고자 기다리는 장소를 찾고 계신다. 당신의 집은 합당한가? 당신의 교회는 합당한가?

주님이 집에 계실 때는 마르다도 부엌에서 나와서 주님의 발 앞에 앉아 있는 마리아와 함께해야 한다. 주님의 분명한 임재가 거기에 없을 때는 마리아도 기꺼이 부엌에 있는 마르다 곁으로 가서 주님의 오심을 준비하고 사람들을 향해 경건한 긍휼을 베풀어야 한다.

만약 우리가 부엌과 제단 사이를 경계 없이 오가려고 하면 문제가 생기기 마련이다. 주님은 내가 이 책을 저술하기 시작하려고 부름을 받았던 그 특별한 모임에서 이 사실을 아주 실제적으로 경험하게 하셨다. 며칠 전에 한 50명의 사람들이 루이지애나에서 만나자고 연락을 해 왔다. 마리아와 마르다와 교회에 대해 마음에 품고 있던 이런 생각들을 나누어 달라는 것이었다. 모임 중에 우리는 바로 이 장에서 말했던 특정 문제들을 다루고 있었다. 그때 나는 성령께서 나를 시험하고 계심을 감지했다. 성령님이 내게 이렇게 말씀하시는 것 같았다.

"이 책에 대해서 계속 말하고 싶으냐? 아니면 때때로 내가 직접 임재하기를 원하느냐?"

우리는 그 즉시로 모임의 순서지를 내려놓고 전적으로 하나님께 집중하기 시작했다.

당신이 이 책을 읽다가 성령님의 개입을 느낀다면 놀라지 말라. 그것은 읽고 있던 이 책을 내려놓고, 두르고 있던 앞치마를 벗어 버리고, 예배의 자리로 나아가 당신의 중심을 하나님 앞에 쏟아 놓으라는 신호다.

CHAPTER 9 자전거를 탈 줄 아는가?

연속적인 수정을 통해 방향을 설정하는 기술

현대 사회의 산업화된 나라들은 빠른 속도로 움직이고 있기 때문에 많은 이들이 가만히 서 있으면 뒤처진다는 생각을 갖고 있다. 하나님 나라에 대해서도 비슷한 언급을 할 수 있다. 움직이기를 멈추면 몰락한다. 이러한 진실은 움직임에만 적용되는 것이 아니라 움직임으로 가능해지는 연속적인 방향 수정에도 적용되는 말이다.

당신이 처음 자전거를 타려고 노력했던 때를 기억하는가? 우리는 전부 이 두 바퀴 달린 물건에서 성공하는 비결이 무엇인지 전혀 모른 채 자전거 타는 법을 배우려고 매달렸다. 그 비결은 쉬지 않고 움직여야 한다는 것이다.

우리의 훈련되지 않은 본능은 위기의 순간을 만나면 모든 동작을 멈추도록 만든다. 안타깝게도 전진하며 움직이는 동작을 멈추는 순간 우리는 바퀴가 멈추면 쓰러지는 자전거의 희한한 경향을 수정할 기회를 상실해 버린다. 그러다 마침내 우리는 위기를 만나도 계속해서 움직이는 법을 배운다. 손잡이를 움직이면서 방향 수정을 거듭함으로써 자전거가 쓰러지는 것을 방지하는 법을 발견한 것이다.

무슨 일이 일어났는가? 우리는 자전거가 한쪽으로 기울기 시작할 때 방향을 수정하는 법을 배운 것이다. 우리는 하나님의 임재를 추구함에 있어서도 동일한 교훈을 배운다. 서커스에 관한 다채로운 어린 시절의 기억이 있으므로 '연속적인 방향 수정'에 대한 분명한 예들을 말해 보겠다.

서커스 공연에서나 텔레비전에서 '고공 줄타기'를 본 적이 있는가? 그러면 묘기하는 사람이 자세가 어떻든지 간에 방향 수정을 위해 손을 계속해서 움직이거나 막대기를 움직이는 것을 보았을 것이다. 그 사람이 높이 달린 줄을 걸어가든, 자전거나 오토바이를 타고 건너든, 아니면 어깨 위에 세 명의 사람을 얹어 놓고 외바퀴 자전거를 타고 도무지 상상할 수 없는 묘기를 펼치든 간에 그는 계속해서 움직인다!

방향 수정에 실패하면 문제가 발생한다

생과 사, 성공과 실패의 균형은 매 순간 바뀌는 무게 중심을 수정하는 곡예사의 능력에 위태롭게 달려 있다. 불균형을 수정하는 데 실패하는 순간 떨어지는 불운이 뒤따른다.

동일한 원칙들이 그리스도인의 삶에도 적용된다. 하나님은 은혜로우시기 때문에 우리의 인생에서 코스 이탈이나 불균형이 생겼을 때 수정할 수 있도록 하신다. 하지만 우리가 그분의 음성에 청종하는 능력이나 의지를 상실했을 경우 문제가 발생한다.

우리는 대부분 하늘 아버지께 너무 많은 것을 매우 급하게 요구한다. 깊은 영성을 달라고 기도하지만 하나님이 이렇게 말씀하시면 금세 반항적이 된다. "너는 아직 준비가 안 되었단다. 이 은사를 잘 다룰 만한 균형감을 갖고 있지 않단다."

교회는 끊임없는 불균형 상태에 있다. 당신이 인정하기만 한다면 당신 자신도 마찬가지 상태에 있음을 발견할 것이다. 이런 말을 하는 이유는, 그것도 하나님의 계획 중 일부이기 때문이다. 우리가 인생과 사역에서 완벽하게 균형을 잡고 있다면 우리는 쉽게 유혹에 빠질 것이다. 그것은 우리에게는 균형을 잡아 주시는 하나님의 은혜와 자비가 계속 필요한데도, 마치 그것이 필요 없는 것처럼 거절하는 유혹이다. 뿐만 아니라 우리의 안전지대 '반대편'에 있는 마리아나 마르다를 거부하고 싶은 유혹도 받을 것이다.

우리는 1세기의 교회를 세상에서의 교회의 역할에 대한 하나님의 완벽한 섭리의 그림으로 생각한다. 사도행전과 서신서들에 등장하는 교회는 정말 좋은 본보기가 된다. 하지만 완벽한 것은 아니다. 우리가 초대교회에서 많은 것을 배울 수 있는 것은 초대교회가 놀라울 정도의 완벽함을 가졌기 때문이 아니라, 변화하는 필요에 대해 성령의 인도하심을 받아 수정하고 적응했기 때문이다.

신약성경의 교회는 다락방에서 하나님의 임재를 폭발적으로 경험함으로 탄생되었다. 이 체험을 통해 120명의 하나님을 갈망하던 사람들은 철저하게 하나님을 따르는 사람들로 변화된다. 그들은 놀라운 열정과 능력으로 충만해졌고, 그들의 증거와 사역은 하루에 수천 명의 사람들을 하나님 나라로 인도했다행 2장. 하지만 성경은 그들이 너무 '영적인' 일에 치우친 나머지 교회 안에 비유대계 과부들에 대한 '마르다 사역'을 소홀히 했다고 기록한다행 6:1-7.

마가 다락방 체험으로 인해 사도들의 머리카락이 성령의 불에 그슬린 지 얼마 되지도 않았을 때 벌써 불평의 소리들이 그들을 땅으로 끄집어 내렸던 것이다. 비유대계 신자들은 주도권을 갖고 있던 유대계 지도자들에게 말했다.

"아시겠지만 이런 놀라운 부흥이 오기 전, 즉 모든 사람이 성령의 불을 경험하기 전에는 다들 우리 과부들을 돌보아 주었습니다. 그러나 지금은 모두 다 영적인 것에만 몰두하기 때문에, 사람들은 앉아서 기도하고 거리에서 설교하는 것만 원합니다. 이제 우리에게는 더 이상 관심조차 보이지 않습니다."

하나님은 마르다를 보내어 열두 명의 마리아에게 기름 부으신다

열두 사도들은 이 문제가 실제적인 것임을 알았다. 또한 그들은 이 중대한 시간대에 하나님이 그들을 부르신 사명이 무엇인지도 알았다. 그들의 유일한 해결책은 교회의 균형을 잡기 위한 거룩한 수정 작업을 하는 것이었다.

그들은 마르다의 은사가 있는 사람들을 찾아 과부들의 필요를 채우는 사업을 관장케 하기로 결정했다. 그래야 사도들이 기도와 말씀이라는 마리아의 부르심과 사역에 집중할 수 있기 때문이다.

흥미로운 사실은 첫 번째 집사들에 대한 자격 조건이 마리아의 자격 조건과 비슷하다는 점이다. 사도들이 원하는 사람들을 광고로 낸다면 아마 이런 식으로 냈을 것이다. (이 광고는 교회 입구나 소식지에 계속 부착되었던 광고라고 생각한다. 지난 30년 동안 내가 다녀 본 거의 모든 교회에 이 광고가 걸려 있었다.)

사람 구함

"이 사업을 맡길 수 있는 평판이 좋고 성령과 지혜가 충만한 일곱 명의 사람을 구합니다"행 6:3 참고.

사도들은 마르다의 사역에 대해 자만심을 갖거나 선입견을 갖고 있지 않았다. 그들은 예수님이 인류 역사의 그 시간대를 위해 어떤 대가를 치르셨는지 알고 있었다. 그들이 해야 하는 일이 무엇인지 알기에 다른 일에 정신을 팔 수 없었다. 다른 누군가가 해야 할 일을 자신들이 할 수 있다고 해도 그럴 수 없었다.

바울이 이 상황을 어떻게 묘사했는지 당신도 보았을 것이다. "그에게서 온 몸이 각 마디를 통하여 도움을 받음으로 연결되고

결합되어 각 지체의 분량대로 역사하여 그 몸을 자라게 하며 사랑 안에서 스스로 세우느니라"엡 4:16.

철이 철을 날카롭게 하듯, 마리아와 마르다는 서로를 날카롭게 한다

나처럼 '중년'의 범주에 속하는 수많은 남자들은 허리 위와 턱밑 사이에서 가장 큰 생산성이 나오는 인생의 시절을 보내고 있다. 복부의 지방이 계속 늘어날수록 허리에는 상당한 중압감을 준다.

어쩔 수 없이 이런 남자들은 의사를 만나고 헬스 트레이너를 만난다. 아내들은 등을 강화하고 등의 통증을 완화하는 최선의 방법은 '복부 운동'이라는 사실을 충고해 준다. 남자들은 그 말에 '거부 운동'이라고 반응할지 모르지만, 복부야말로 그들이 느끼는 등통증으로 볼 때 몸체의 반대편에 있다는 사실은 부인할 수 없다. 인간의 생리학도 성경의 지혜와 일치하는 것 같다.

"철이 철을 날카롭게 하는 것같이 사람이 그의 친구의 얼굴을 빛나게 하느니라"잠 27:17.

과부들이 돌봄을 받지 못한다는 불평을 들었을 때 사도들은 교회 안의 마리아와 마르다들이 동시에 각자의 역할을 해야 할 상황에 놓이게 되었다. 그래야만 이 일을 이룰 수 있기 때문이다. 베다니 시몬의 집에서 마지막 식사를 할 때에도 마찬가지 상황이었다. 마르다는 자신의 위치인 부엌에서 주님을 섬기고 있었고, 마리아는 그녀의 위치인 주님 발 앞에서 주님을 섬겼다요 12:2-3.

또 다른 경우, 가령 다락방에 '머물러' 있는 동안에는 모든 사람이 다양한 '부엌 일'들을 내려놓고 주님을 기다리며 그분을 섬기는 마리아의 위치에 서도록 부름을 받았다. 마침내 주님이 그들에게 복을 부어 주시기까지 기다린 것이다행 1:13-14.

사도들은 기름 부음이 있는 마르다들, 곧 집사들을 임명하여 과부들의 식사를 챙기도록 함으로써 이 문제를 해결했다. 그렇게 함으로 그들은 사도로서의 우선적인 책임들을 지킬 수 있었다행 6:3-7.

나는 사도들이 첫 번째 집사 직분의 '수위를 높였다'고 본다. 명예가 필요한 곳에 명예를 부여한 것이다. 사도들은 분명히 식사를 섬기는 마르다의 직분을 초자연적 은사가 필요한 초자연적 임무로 보았다. 식사 섬김은 그들의 우선적인 부르심이 아니었다. 우리의 문제는 대부분 우리가 선호하는 사역이나 동일한 사역을 하지 않는 사람들에 대한 존경심의 부족에서 시작한다.

절대로 미숙함에 힘을 실어 주지 말라

사도들은 집사를 선택하는 일이나 가룟 유다를 대신하는 사도를 뽑는 일에 왜 그렇게 주의를 기울였는가? 성경은 우리에게 경고한다. "아무에게나 경솔히 안수하지 말고"딤전 5:22.

이 말은 절대로 미숙함에 힘을 실어 주지 말라는 뜻이다. 만약 그렇게 하면 나중에 더 큰 대가를 치르게 될 것이다.

둘째 딸에게는 미안하지만 한번은 어느 집회 중에 이런 이야기를 회중에게 한 적이 있다.

"루이지애나 중부지역에 있는 모든 운전자에게 이런 공고를 해 주어야 할 겁니다. 제 딸은 방금 운전면허 필기시험을 통과했고 저는 무게가 1톤 되는 육중한 자동차를 사 주려고 합니다."

내가 왜 그런 말을 했겠는가? 십대 자녀가 운전을 하는 경우, 생각 있는 부모라면 다들 걱정이 있을 것이다. 아이가 운전 경험을 쌓아 가는 동안 뭔가를 치면 어떻게 되겠는가.

우리 아이들은 행동이 바르고, 생각이 깊고, 책임감이 강하다. 그렇다고 해서 초보 운전자가 능숙한 운전자로 하루아침에 탈바꿈하는 것은 아니다. 그 정도의 상식은 누구나 있을 것이다.

미숙한 사람의 손에 쥐어지는 능력, 힘, 권위는 위험하다. 이런 것들을 책임감 있게 다루는 능력은 일정 시간에 걸친 배움의 과정을 통해 생긴다. 그 배움에는 교육도 포함되고 다양한 노력도 포함되고 실수도 포함된다. 어린 운전자들을 향한 부모의 걱정은 바로 그 '실수' 부분이다.

끊임없이 수정하는 축적된 기술을 익히라

초보 운전자와 능숙한 운전자의 차이는 끊임없이 수정하는 기술을 축적하는 것이다. 오래된 운전자들은 속도와 방향의 변화 및 변화하는 교통량, 또는 도로 상황에 따라 자동적으로 방향을 수정한다. 반면 어떤 초보 운전자들은 브레이크가 어디에 있는지 아래를 쳐다보아야만 한다.

능숙한 운전자가 운전대를 자유자재로 움직이며 끊임없이 방향을 수정하면서 도랑 사이로 차를 몰고 가는 것을 본 적이 있는가? 그러나 미숙한 사람은 운전대를 잡고 아무 방향 수정 없이 그대로 밀고 간다. 만약 피해 가지 않고 돌진하면 도랑에 빠지고 말 것이다. (물론 지나치게 방향을 수정해도 위험하다. 아주 미묘하게 움직여야 하는 법이다!)

종종 우리는 우리가 가져서는 안 되는 것을 하나님께 요청한다. 당신은 예수님이 왜 야고보와 요한을 '우레의 아들들'이라고 부르셨는지 아는가? 막 3:17 아마도 그 해답은 복음서의 다음 본문에 있을 것이다.

"제자 야고보와 요한이 이를 보고 이르되, 주여 우리가 불을 명하여 하늘로부터 내려 저들을 멸하라 하기를 원하시나이까. 예수께서 돌아보시며 꾸짖으시고 함께 다른 마을로 가시니라" 눅 9:54-56.

그들은 말했다. "아니 주님! 우리가 저기 갔을 때 그 식당에서 우리를 제대로 대접하지 않더군요. 저 마을은 저희를 섬기기 원치 않았습니다. 그래서 저들의 생명 보험을 취소하려고 합니다. 우리에게 이 일을 할 수 있는 말씀과 능력만 주십시오."

주님은 핵심을 말씀하셨다. "그런 일을 하러 내가 온 줄 아느냐? 너희를 제대로 대접하지 않는 사람이면 누구나 죽일 셈이냐? 너희를 통해 어떤 영이 말하고 있는지 모르는구나."

우리가 능력과 권세를 구하지만 원하는 만큼 받지 못하는 이유는 대부분의 경우 아직 우리가 그것을 다룰 만한 준비가 되어 있지 않기 때문이다. 성경에서 사도들의 삶을 통해 일어난 기적들을 읽을 때 나는 종종 기도한다.

"그렇습니다, 주님. 제게 병자를 치유하고 죽은 자를 살리는 능력을 주옵소서. '사도들의 기적을 일으키는 현장용 공구 세트' 일체를 주십시오."

끊임없이 방향을 수정하는 기술이 있으면 안전하다

그러면 주님은 고개를 저으며 말씀하실 것이다.

"네게 그 능력을 주고 싶지만 네 미숙한 두 손에 줄 수 없는 또 다른 측면이 그 능력 가운데 있단다. 네게는 끊임없이 방향을 수정하고 판단하는 기술이 부족하기 때문에 안전하지 않구나."

사도 바울이 유대인 박수 바예수가 성령의 역사에 개입하자 그를 꾸짖고 맹인이 될 것이라고 선언한 것이 바로 초자연적 권세의 양면을 보여 준 것이다행 13:6-12.

하나님이 당신에게 어떤 것을 풀 수 있는 능력을 주실 때는 또한 그것을 묶을 수 있는 능력도 주신다마 16:19. 당신은 생명과 축복의 말을 할 수도 있고, 사망과 저주의 말을 할 수도 있다. 권세는 하나님으로부터 오지만 개개인의 판단과 지혜는 당신의 마음에서 계발되어야 한다. 그런 일은 당신이 성령 안에서 부단히 방향을 수정하는 법을 배울 때 가능하다.

하나님은 그분의 왕국에서 균형을 요구하신다. 반면 정적인 정체는 원치 않으신다. 하나님이 찾으시는 것은 '긴장 속의 균형'이다. 그것은 곡예사가 고공 줄타기를 할 때나 공이나 드럼통 위에서 균형을 잡을 때 끊임없이 방향을 수정하면서 생기는 것이다.

하나님이 그분의 집에 마리아와 마르다가 함께 일하기를 원하시는 것은, 인성과 신성을 위한 양쪽의 필요가 둘 다 충족될 때 비로소 평안이 있기 때문이다. 하나님이 당신에게 어느 한쪽에 전공을 하도록 부르셨다고 해서 반대편의 필요를 간과할 권리를 주신 것은 아니다. 당신과 다른 사람들에게 하나님이 주신 소명에 대해서도 인정해 주어야 한다. 그것이 바로 사도들이 한 일이나. 사도들은 궁핍한 과부들을 돌볼 수 있도록 경건한 사람들을 임명함으로써 기도와 사역에 집중할 수 있었다.

열정과 긍휼 사이에서 당기다

주님은 우리를 그분의 신성을 향한 열정과 인성을 향한 긍휼 사이에서 이리저리로 '당기시면서' 개인과 공동체의 불균형을 끊임없이 수정하도록 도우신다. 이렇게 계속 이리저리 오가는 일에 순종할 때마다 우리는 주님과 '마주치며' 우리 삶에 영적 열정이 되살아나는 기회를 갖는다. (우리가 성령님께 "예"라고 대답하는 순간 하나님은 우리에게 복 주고 싶어 하신다.)

이 책을 출간하는 문제로 계속해서 관련자들과 모임을 갖고 자료들을 마무리하고 있을 때 하루는 주님께서 나를 한쪽으로 당기시더니 내 모든 일정을 내려놓게 하신 적이 있었다. 하나님은 우리 모임에서 간과하고 있는 것을 수정하기 원하셨다.

오전 모임 중이었는데 스태프 한 명이 말했다. 집에 불이 나 세 명의 어린아이들이 죽는 참사가 지역 사회에서 일어났다는 것이다. 내 친한 친구는 전화를 해서 모임에 참석할 수 없다고 말했다. 아내와 함께 슬픔에 잠긴 부모들을 만나야 하기 때문이었다.

나도 물론 아픔 중에 있는 부모들과 마음을 같이하였다. 그러나 그 스태프에게 이렇게 말했다.

"글쎄요, 어떻게 해야 할지 모르겠네요. 시간은 없고 우리는 지금 하고 있는 일에 집중해야 합니다."

오 하나님, 당신을 보지 못했군요!

다음 날 모임을 다시 시작하기 전에 이른 아침 선선할 때 밖에서 산책을 했다. 나는 집 앞 차로에 놓인 신문을 집어 들었다. 그 비극적인 화재에 대한 기사에 가슴이 조여왔다. 순간 나는 말했다.

"오 하나님, 당신을 보지 못했군요! 우리가 마리아와 마르다에 대해서 이야기하고 있을 때 주님은 제 어깨를 두드리며 말씀하셨죠. '그래, 이게 지금 하고 있는 일이구나. 그렇다면 이제 뭘

할 거니?'"

사실 당신이 마르다라면 당장 무엇을 해야 하는지 알 것이다. 그러나 당신이 마리아라면 그런 상황에서 종종 어떻게 해야 할지 난감해 할 것이다. 마리아는 '싱크대에 접시들이 있는 것' 조차 모를 때가 있지만 마르다는 싱크대뿐 아니라 예수님이 기다리고 계신 것을 보면서도 마음이 쓰이는 사람이다. 이런 비극에 대한 우리의 반사적인 작용이란 기껏해야 모임 가운데 일어서서 "우리 다같이 일어나 이 가족을 위해 기도합시다" 하고 말하는 정도일 뿐이다.

어쨌거나 이번에 하나님은 우리에게 좀 더 실제적인 것을 원하심을 알았다. 그래서 나는 기도했다. "하나님, 어떤 일을 해야 할지 저는 모릅니다. 이들이 화재 가운데 잃은 자녀들을 돌이킬 수도 없습니다. 제가 그들을 모르니 찾아가서 안아 줄 수도 없습니다."

마침내 나는 친구에게 연락해서 물어보았다. "그들에게 무엇이 필요할까? 내가 그들을 실제적으로 도우려면 무엇을 해야 할까? 나는 이 가족을 모르네. 하지만 그들에게 뭔가 필요하긴 할 텐데…."

때로 마리아는 마르다에게 조언을 들을 필요가 있고, 마르다도 마리아에게 그렇다. 영국에 사역차 갔을 때 우리 팀은 19인승 미니 밴을 임대했다. 그 차는 이동 주택 크기의 소형 버스에 가까웠다. 차 크기가 아주 중요하다. 왜냐하면 영국의 길은 그다지

넓지 않은 것으로 유명하기 때문이다. 그 일이 더 도전적이었던 것은 영국 사람들과 보통 유럽 사람들은 미국 사람들과는 반대 방향으로 운전하기 때문이었다.

보조석(미국에서는 운전자석)에 앉게 된 불운한 사람들은 교차로를 하나씩 지날 때마다 얼마나 아슬아슬하게 사고를 빗겨 가는지 목격할 기회를 가졌다. 긴장감과 생존 의식이 강해져서 마침내 소심한 마음도 사라지자 그들은 이렇게 말했다. "이쪽이 조금 아슬아슬하네요."

처음에는 이런 말이 역반응을 일으켰다. 왜냐하면 운전자는 '보조석' 쪽에서 방향을 수정하는 것이 익숙하지 않았기 때문이다. 그래서 엉뚱한 쪽으로 방향을 수정하곤 했다. 그러다 마침내 방향을 수정하는 기술이 합격선에 이르게 되었다. 미니 밴 안에 있던 모든 사람은 '앞좌석의 운전자'가 뒷좌석에 있는 예민한 운전자를 돕는다는 생각에 감사할 수 있었다.

뒷좌석의 마르다가 마리아의 사고를 예방해 주었다

때로 마리아와 마르다는 서로에게 말해 줄 필요가 있다.

"이쪽 편에 너무 붙어서 조금 아슬아슬해."

일반적인 상황이라면 운전 중이든 교회에서든 '뒷좌석의 운전자'에게 고마워하기 쉽지 않다. 하지만 뒷좌석의 마르다가 마리아의 사고를 예방해 줄 때면 갑자기 감사하는 마음이 들게 된다. 마찬가지로 마르다도 마리아의 충고를 소중하게 생각하고 민감하게 반응해서 그에 따라 수정한다면, 하나님은 마리아를 통해 마르다의 삶과 사역이 하나님의 목적을 중심으로 가도록 붙잡아 주실 것이다.

과거 미국의 흑인 설교자 중에 가장 존경하던 고 락리지S.M. Lockridge목사는 이렇게 말했다. "이쪽 편을 쌓아가면 저쪽 편은 무너집니다. 혈압이 높아지면 은행잔고는 줄어드는 법입니다." 그의 말은 그리스도인으로 살아가면서 끊임없이 균형을 유지하기 위해 애쓰는 우리의 모습을 잘 보여 준다.

영적인 방향 설정과 끊임없는 방향 수정 기술에 핵심이 되는 것은 나와는 다른 정반대 부르심을 받은 사람들의 말에 귀를 기울이는 것이다. 당신이 마리아라면, 아니 마리아의 시절에 살고 있다면 마르다가 당신 어깨를 두드리며 방향 수정이 필요하다고 조언할 때 주의를 집중하라.

어떤 경우에도 당신이 할 수 있는 최선은 주님께 물어보는 것이다. "제가 무엇을 할 수 있습니까? 주님, 제가 어디에 서서 섬기기를 원하십니까?" 그러나 때로는 당신이 무엇을 할 수 있을지 '반대편'의 사람에게 물어볼 필요가 있다.

아내는 상세한 내용이나 부수적인 사항들은 일일이 언급하지 않지만, 종종 긴급한 상황들에 대해서는 나와 논의할 때가 있다. 아내가 마지막으로 자기 마음을 나눌 때 나는 남자들이 보통 하는 대로 이렇게 질문한다.

"당신은 내가 그 문제에 대해서 어떻게 했으면 좋겠어?"

그러면 아내는 이렇게 대답한다.

"나는 당신이 어떻게 하기를 원하는 게 아니고요. 당신이 그 문제에 대해서 알아주기를 원했던 거예요. 그리고 정말 당신이 알게 되었다면 만족해요."

상대의 관점을 인정함으로써 수정하다

다른 수많은 남편들처럼 나도 매우 행동 지향적인 사람이기 때문에 아내가 어떤 문제나 걱정거리를 말하면 아내가 내게 이것을 '해결'해 주기 원한다고 생각한다. 하지만 아내의 목적은 해결이 아니었다. 때로 우리가 해야 하는 수정 작업은 그저 상대방의 필요나 관점을 있는 그대로 인정하는 것만으로도 가능하다. 특별히 교회에서 그렇다.

만약 그 수정 작업이 일회성 사건이거나 매달 있는 사건이라면 우리가 받아들이기 훨씬 더 쉬울 것이다. 하지만 그것은 그렇게 작동하지 않는다. 자연적인 육체 안에 살고 있는 한 우리는 인생에서 부족함이나 과도함에 대해 끊임없이 수정 작업을 진행할 수밖에 없다. 그리스도인의 성숙이란 결점이나 실수나 잘못이 하나도 없다는 것이 아니다. 오히려 빨리 회개하고 잘못을 인정하고 합당한 수정을 하는 것이다. 경험이 쌓이면 실수가 적어지겠지만, 그래도 여전히 실수가 생기게 마련이다.

마리아와 마르다의 상호작용으로 인해 신성과 인성을 함께 기쁘게 하는 적절한 분위기를 만들 수 있다. 계속적인 수정 과정은 마치 집이나 사무실에 있는 온도조절 장치와 같다. 온도가 적정한 상태인데도 난방기가 켜져 계속되는 경우를 본 적이 있는가? 만약 그런 일이 있다면 집안 공기가 매우 답답할 것이다. 반대로 추운 겨울 아침에 일어났는데 벽난로나 난방기가 밤새 꺼져 버린 경우는 없었는가?

온도조절 장치는 계속적인 수정의 기능을 완수한다

온도조절 장치는 정밀하게 고안되었다. 적정 온도를 위해 벽난로나 에어컨을 켜는 정도의 수준이 아니기 때문이다. 온도조절 장치는 쾌적한 온도를 만들어 낸 뒤 필요에 따라 난방과 냉방 장치를 가동해서 온도가 상승하거나 하락하는 것을 끊임없이 수정한다. 다시 말해 온도조절 장치들은 계속적인 수정의 기능을 완수한다.

교회 안에서도 적정한 영적 온도를 맞추려면 이와 비슷한 노력이 필요하다고 생각한다. 이번 달에는 목사님이 강단에 서서 이렇게 말하는 것이다. "여러분은 하나님을 예배하는 귀한 일을 하고 있습니다. 그러나 우리는 가난한 자들을 돌보고 있는지 확인해야 할 것입니다."

다음 달에는 이렇게 말할 수 있다. "여러분이 길거리나 보호소에서 헌신적으로 섬긴 것에 감사드립니다. 그러나 우리는 동일한 열정으로 하나님을 예배하고 있는지 확인해야 합니다."

계속적인 수정이 필요하다는 사실을 모르는 사람들은 이렇게 말할 수 있다. "나는 우리 목사님이 예배와 섬김 중에 무엇이 중요한지 분명한 결정을 내리셨으면 좋겠어."

그러나 문제는 다른 것들보다 한 가지를 우선순위로 결정하는 것이 아니다. 실내 온도든 외부의 상황이든 간에, 변화를 위해 계속적인 수정을 해야 하는 것이다. 거리에 공황 사태가 벌어질 때에도 하나님의 사람들은 여전히 교회에는 예배의 기쁨이 있어야 함을 확신해야 한다. (하나님을 향한 열정과 열기는 위기의 순간에 필요한 감정의 열기와는 다른 것이기 때문이다.) 큰 회사에서 노동자들을 대거 방출하거나 공장을 폐쇄하여 도시 전체가 불경기로 인해 냉담해지고 회의적이 될 때조차 교회 안의 기쁨의 온도는 올라가야 한다. 이런 구절이 있다. "내 은혜가 네게 족하도다. 이는 내 능력이 약한 데서 온전하여 짐이라"고후 12:9. 끊임없이 변하는 외부의 자극과 상황에 맞서서 평화와 기쁨과 사랑의 분위기를 유지하려면 계속적인 수정이 필요하다.

때로 다른 사람들의 필요를 채우느라 바쁘다 보면 정작 내 인생의 우선순위들을 채워야 함을 잊을 때가 있다. 말하자면 균형을 잃는 것이다. 예배와 사랑으로 하나님을 '채워 드리는 것'은 성경 말씀대로 당신 인생의 최우선순위다마 22:37-38; 요 4:23-24.

하나님과의 결혼 서약이 무너지고 부서진다면 당신의 모든 마르다 사역은 그저 일거리에 지나지 않을 것이다. 그 순간 그곳은 당신에게 가정이 아니라 음식점이 되는 것이다!

수많은 교회 조직이 계속해서 병원과 노숙자 보호소들을 세워 간다. 하지만 그들이 본래 하나님과 가졌던 관계에 대한 열정들은 식어 가고 있다. 그러다 보면 일하는 사람들은 마치 자신을 종교적인 시계추처럼 여기며, 아무 목적도 없이 선행을 습관적으로 한다고 느끼게 된다. 이런 교회들이 있다면 과정을 수정해서라도 하나님을 향한 열정의 불을 다시 지펴야 한다.

하나님은 배가 고프실 때 당신 집을 찾으시겠는가?

도시 안에 있는 사람들이 배고프고 궁핍해지면 당신 교회로 갈지 모르겠다. 그렇다면 하나님이 배고프실 때도 그곳을 찾으시겠는가? 하나님도 배고프실 수 있다는 사실을 우리는 안다. 예수님이 사마리아 수가 성에 야곱의 우물에 계실 때 제자들이 식당에 가서 음식을 가져와 주님께 드리자 예수님이 이렇게 대답하셨기 때문이다요 4:5-42.

"여기요, 예수님. 잡수실 것을 가져왔습니다."

"나는 배고프지 않다. 나는 이미 먹었느니라. 내게는 너희가 알지 못하는 먹을 양식이 있다."

"무엇을 드셨습니까?"

"나는 이 우물에서 한 여인이 드린 경배와 내 아버지의 뜻을 행하는 삶의 양식을 먹었노라. 나는 배가 부르구나."

하나님이 배고프실 때 드시는 양식은 예배다. 예수님은 우물가에서 여인에게 말씀하셨다.

"아버지께 참되게 예배하는 자들은 영과 진리로 예배할 때가 오나니 곧 이때라 아버지께서는 자기에게 이렇게 예배하는 자들을 찾으시느니라"요 4:23.

아버지께서 열심히 찾으시는 단 한 가지는 바로 예배자들이다. 하나님은 이미 모든 금과 다이아몬드가 지층 어디에 있는지 다 알고 계신다. 정말 희귀한 것은 금이나 다이아몬드가 아니라 예배자들이다.

하나님을 갈망하며 사람을 섬기는 삶을 살고자 하는 그리스도인이라면 균형이 참으로 중요하다. 하나님이 우리로 하여금 그 균형을 유지하도록 도우시는 방법은 우리의 환경에 대해 계속인 수정을 하시는 것이다. 결국 우리는 우리의 감정이나 매일의 선택, 사역 방법, 타인에 대한 태도 등을 수정하지 않을 수 없다.

내 아버지가 보상하신다

내가 자랄 때 내 누이와 알게 된 것은 어머니가 여행을 가거나 아프셔서 아버지가 부엌 일을 하실 때면 항상 '먹을 것이 줄어든다'는 사실이었다. 아버지가 간신히 요리할 수 있는 메뉴도 아침 식사밖에 없었고, 그마저도 아버지가 내놓은 것은 내 기억에 시나몬 토스트뿐이었다. (그 외에 만드시는 것은 '번제물'처럼 거의 타 버려서 무슨 음식인지 분간을 할 수 없을 정도였다.)

누이와 그 이야기를 할 때마다 웃음이 나온다. 왜냐하면 아버지는 '물방울 무늬'의 시나몬 토스트를 만드시는 데 특별한 은

사가 있으셨기 때문이다. 이 '진미'를 만들어 보거나 먹어 보지 못한 사람을 위해서 그 과정을 설명하겠다.

먼저는 빵 한 조각을 불에 적당히 구워 그 위에 버터나 마가린을 바른다. 그리고 그 위에 설탕을 가볍게 뿌리고 계피가루를 더 가볍게 뿌려 준다. 영양사들은 시나몬 토스트를 메뉴에 선정할 것 같지는 않지만 오래전부터 아이들에게는 최고의 메뉴였다.

아버지는 시나몬과 설탕을 뿌릴 때 두 가지가 서로 섞이지 않는 것처럼 만드는 독특한 능력을 갖고 계셨다. 한 입 물면 입 안 가득 녹아드는 버터와 살짝 녹기 시작한 설탕이 느껴지지만 시나몬은 전혀 감미할 수 없다. 그러나 다음 한 입을 물면 설탕의 달콤한 맛은 전혀 없고 시나몬 가루가 한 움큼 미각을 자극하는 것이다.

아버지의 시나몬 도스드를 생각하면 네모난 얼굴의 점박이 달마시안이 생각난다. 쟁반에 담겨 나오는 그 이상한 물방울무늬의 동물을 생각해 보라. 누이와 나는 정말 아버지를 사랑한다. 하지만 시나몬과 설탕 덩어리가 여기저기 뭉쳐져 있는 아침 식사를 먹었던 것만 생각하면 식욕이 떨어진다. 솔직히 최악이었다. 물론 아버지는 노력하셨지만.

아버지의 또 다른 단점 중 하나는 직선을 그릴 수 없다는 것이었다. 우리는 여전히 아버지가 유년시절 만든 컵스카우트보이스카우트의 유년단원 작품을 갖고 있다. 그 작품은 벽걸이용으로 만들어진 일종의 선반 같은 것이다. 그것은 아마도 아버지가 손으로 만든 처음이자 마지막 작품일 것이다. 물론 삐뚤빼뚤하다.

집에 수리할 사람이 없었던 터라 나는 어려서부터 집안의 수리를 도맡아 했다. 어머니는 내가 열두 살 때부터 물건 고치는 것을 맡기셨다. 그리고 아빠에게는 이렇게 말씀하셨다.

"여보, 괜히 손대지 마세요. 그냥 토미에게 고치라고 하죠."

아버지는 요리나 그림이나 수리와는 거리가 멀었다. 하지만 다른 부분에 있어서는 놀라운 재능을 갖고 계신 분이었다. 이야기의 핵심은 아버지가 다른 것으로 보상하신다는 것이다. 그분은 훌륭한 아버지셨고, 영적 멘토이셨으며, 지금도 그러하다.

아버지는 영적인 만찬으로 보상하셨다

내 아버지는 요리도 못하시고, 직선도 못 그리시고, 손으로 수리도 못하신다. 그러나 굶주린 영혼들을 위해 하나님의 말씀으로 영적인 만찬을 만드실 수 있다. 그분은 교회의 앞문에서부터 헌금을 계수하는 뒤 사무실까지 어떻게 경건한 원칙의 직선을 그어야 하는지 알고 계신다. 그분은 하나님의 공구함에서 기적과 사랑의 말씀을 꺼내어 깨어진 마음을 가진 하나님의 사람들을 어떻게 고쳐 주어야 하는지, 부서져 가는 교회의 기초를 어떻게 수리해야 하는지 알고 계신다. 이미 말한 대로 아버지는 보상하신다.

때로 하나님은 개인의 삶 속에 근본적인 보상을 이루심으로 교회에 근본적인 보상을 일으키신다. 어떤 사람들은 내게 이런 질문을 한다. "마르다 같은 사람이 마리아가 될 수 있나요?" 나는 이 일이 내 삶에 일어났었다는 사실을 인정한다.

나는 지역 교회의 목회자로 사역을 시작했다. 나는 마르다와 같은 사람이어서 교회 예배의 모든 부분을 세밀하게 문서화하고 사전에 조직해야 했다. 당신이 사역 후기의 나를 보았다면 내가 사역을 얼마나 마르다적인 태도로 일관했는지 모를 것이다.

예배당에 들어서면서 나는 특별히 준비한 '예배 순서지'를 손에 들었다. 물론 순서지는 예배 시간에 역할을 맡은 모든 사람들에게 복사하여 나눠 주었다. 그 종이에는 예배 시간에 내가 사용할 수 있는 빈칸들도 있었다. 나는 예배 중에도 내내 생각하면서 '목회 사역'을 진행했다. 나는 계속 만나야 할 사람들의 이름을 적고 해야 할 일들을 적었다. 왜냐하면 예배 중에 나타나는 얼굴이나 상황을 보면서 챙겨야 할 나른 일들이 제대로 신행되고 있는지 확인해야 했기 때문이다.

하나님과의 만남이 나를 마르다에서 마리아로 변화시켰다

그 시절 전형적인 예배 시간 내내 내가 한 것이라고는 '사람들을 쳐다보는 것'이었다. 나는 교회와 사역 가운데 성장했고 그리스도를 나의 주 나의 구원자로 영접했지만, 하나님은 나의 인생 길에서 중대한 수정 작업을 준비하셨다. 하나님과의 만남은 하루아침에 나를 마르다에서 마리아로 변화시켰다. 물론 주님은 모든 사람에게 이 일을 행하지시는 않는다. 하지만 나의 경우,

거룩한 목마름이 내 영혼을 사로잡고 하나님 얼굴을 대면하는 체험을 한 뒤에는 내 삶의 모든 것이 변해 버렸다. 그 이후로 나는 무엇을 하든 어디서나 하나님을 볼 수 있었다. 이제는 마르다의 일들에 집중하려면 상당한 애를 써야 한다.

하나님은 영구적으로 나의 입맛을 바꾸셨고 내 우선순위를 뒤바꾸어 놓으셨다. 물론 하나님을 만나는 체험 이전에도 그것이 악하거나 잘못 배치된 것은 아니었다. 하나님이 내 세상의 우선순위를 재배치하심으로 나는 교회 안의 예배에 대한 우선순위들을 재배치하게 되었다. 내가 보니 하나님은 동일한 일을 다른 사람들에게도 행하신다. 때로는 변화된 유대인 학자들을 보내어 비유대계 사람들을 만나게도 하고, 때로는 변화된 마르다들을 보내어 마리아의 사역을 교회에 회복시키게도 하신다.

하나님을 갈망하는 것과 사람을 섬기는 것 사이의 거룩한 균형감이 있음을 기억하면 '루'를 만들던 오래전 루이지애나의 추억이 떠오른다. 루는 밀가루와 요리용 기름을 함께 볶은 것으로, 남부 요리사들은 모든 맛있는 음식에는 이게 들어가야 한다고 주장한다. 루는 남부 요리법과 케이준미국으로 강제 이주된 캐나다 태생 프랑스 사람들이 만들어 먹기 시작한 음식 요리법에 자주 등장하는 수프나 양념에서 기본적으로 걸쭉하게 만드는 데 사용된다. 재료는 적고 간단하다. 하지만 루를 만들기 위해 재료를 섞는 과정은 어렵고 시간이 걸린다. (그래서 소수의 요리사와 주방장들만이 그 방법을 터득한다.)

프라이팬에 기름을 조금 넣고 밀가루를 갈색으로 굽는다. 간단할 것 같지만 이렇게 하는 데 45분이 소요된다. 만약 서두르면 루가 딱딱해지거나 심지어는 타 버려서 처음부터 다시 시작해야 한다. 이처럼 루를 만드는 기술이 너무나 어렵고 시간을 요하기 때문에 고급 식당에서 일하는 숙련된 케이준 요리사들 중에도 식료품점에서 병에 담긴 루를 사는 사람들이 있다. 대량으로 큰 가마에 루를 만드는 것이 훨씬 쉽다. 또한 주방장들은 루를 냉장보관해도 맛이나 농도의 변질됨이 없다는 사실을 발견했다.

이렇게 부드럽게 섞어서 천천히 가열하는 과정을 보면 떠오르는 것이 있다. 그것은 하나님이 마리아와 마르다를 사용하여 주님의 임재를 위한 완벽한 분위기를 만드시고자 둘 사이의 작은 불균형들을 끊임없이 수정해 가신다는 사실이다. 안타깝게도 대부분 우리는 상섬이나 광고에서 대량생산된 물건을 찾을 수만 있다면 이미 가공된 혼합물을 구입하는 것을 선호한다.

베다니의 기적이 일어난 것은 마르다가 예수님의 인성을 편안하게 맞이할 수 있는 자리를 그녀의 집에 마련하기 위해 미리부터 준비했기 때문이다. 그래서 자연스럽게 마리아가 주님의 발 앞에 앉아 주님의 신성을 섬길 기회를 얻을 수 있었다.

제자들의 모든 노력에도 불구하고 나병환자 시몬의 집에서 분위기를 쇄신한 것도 이 두 가지 보완적인 은사들이었다. 예수님은 변화된 마르다가 준비한 음식을 드셨지만 여전히 방 안에는 남자 마르다들이 하나 가득 앉아 있었다. 이 변화되지 않은 마르다들은 자연계와 그 안에서 자신들의 위치에 대해 갖고 있는 좁은 식견을 전혀 수정하지 않는 사람들이었다. 그들은 미래에 대해서 근심하고, 다가오는 하나님 나라 안에서 자기들의 위치가 어디일지 근심하느라 힘을 다 소진하는 것 같았다.

그때 마리아가 들어와서 경배와 사랑의 향유 옥합을 깨뜨려 주님께 붓고 주님의 죽으심을 예비했다. 가룟 유다의 불평과 변화되지 않은 마르다들의 합창 속에서도 마리아의 희생은 방안의 분위기를 완전히 뒤바꾸어 놓았다.

주님이 베다니에서 십자가까지 가시는 길은 정말 상당히 어려운 길이었다. 아마도 아버지께서는 시몬의 집에 있는 마리아와 마르다 두 사람의 기름 부으심을 모두 사용하셔서 특별한 수정 작업을 하신 것 같다. 베다니에서의 예수님의 마지막 식사가 평강과 위로로 마무리되도록, 그리고 주님의 인성과 신성을 균형감 있게 잘 섬기도록 하신 것이다.

하나님은 당신의 집에서 무엇을 발견하실까? 마리아와 마르다가 평화롭게 공존할까? 당신의 집은 베다니인가, 아니면 하나님의 방문에 대해 '방 없음' 간판을 내거는 베들레헴인가?

CHAPTER 10 균형을 잃어버린 교회

하나님의 백성들은 '영광'에서 '열광'으로 갈 수 있다

모든 그리스도인이 분명하게 드러난 하나님의 임재를 제대로 경험하기 원하지만, 그러한 초자연적인 체험이 있다 해도 교회나 도시나 국가 안에 진정한 부흥을 일으킬 수 있는 것은 아니다.

우리는 모두 하나님을 갈망하는 사람으로 태어났고 하나님을 따르는 자로 부름 받았다. 홀로 있을 때나 함께 모여 예배할 때 하나님이 우리가 주님을 '붙잡을 수 있도록' 해 주시면 우리는 변화된다. (마치 다윗이 소년 시절 양 떼를 먹이는 동산에서 예배 체험을 한 뒤 변화되었던 것처럼, 그리고 사람들이 '다윗의 장막'이라고 부르는 '하나님이 기뻐하시는 집'을 세우면서 왕으로서 예배 체험을 한 뒤에 변화된 것처럼 말이다.[29])

주님의 임재를 체험하면 우리는 변화된다. 그러나 이 모든 것 뒤에는 큰 그림과 큰 목적이 있다. "모든 사람이 구원 받기를

원하시는" 우리 하나님은 더 많은 사람이 예수 그리스도를 통해 당신께 나아오기를 원하신다 딤전 2:4. 이것이 바로 우리를 '부흥'이라는 주제에 도달하게 만든다.

진정한 부흥은 무엇인가? 어떤 사람들은 부흥에 필요한 모든 것은 하나님이 나타나시는 것이라고 말한다. 몇 년 전 어떤 부흥운동가들은 이렇게 말했다. "내게 한 무리의 사람들을 달라. 그러면 내가 당신에게 부흥을 주겠다." (그들은 스스로 무엇인가를 할 수 있다고 믿는다. 하지만 그것이 '부흥'이었는지는 잘 모르겠다.)

다시 말해 진정한 부흥은 하나님과 사람이 동시에 동일 장소에 모일 때 일어난다. 이런 일이 일어나려면 양쪽 영역에 대한 신뢰가 있어야 한다. 당신에게 인간 영역에 대한 충분한 신뢰가 있어야 사람들이 편안하게 느낄 것이다. 또한 하나님의 영역에 대한 충분한 신뢰가 있어야 하나님이 편안하게 느끼실 것이다.

미 대법원에서뿐만 아니라 고향의 주 법원에서도 법을 시행하기 원하는 변호사가 있다면, 그는 양쪽 영역에서 모두 자격증명서를 갖추어야 한다. 고등법원에서는 지방법원에서 거의 다루지 않는 헌법의 논쟁점들을 다룬다. 대법원에서 용납할 만하다고 판단하는 법적 논쟁과 증거들은 주 법원과 지방 법원에서 사용하는 것들과 완전히 거리가 멀다. 주 법원이나 지방 법원에서는 주 법과 지방 조례가 주요 관심사가 된다.

법의 양쪽 영역을 함께 다루는 유일한 방법은 전문화된 지식을 구비하고 신뢰를 쌓는 것이다. 그래야만 워싱턴에 있는 대법원 판사들도, 지역의 주 사법부 판사들도 만족시킬 수 있다.

다른 나라에 초빙을 받아갈 때면 주최측은 영어에 능통하면서도 지역 언어를 잘하는 통역자를 찾느라 최선을 다한다. 만약 인도나 중미中美처럼 다양한 언어와 방언들이 한 지역에서 혼용되는 경우에는 이런 일이 상당히 어려운 과제가 된다. 통역자를 구했지만 양쪽 언어에 대해 신뢰감과 능력을 구비하지 못한 경우, 그 나라에서 사역의 효율성은 심각하게 타격을 입게 된다.

숙련된 통역자는 양쪽을 모두 편안하게 만들어 줌으로써 영적인 돌파구를 만드는 데 도움을 준다. 그들의 능력을 확신하며 나도 편안해질 수 있고, 내 메시지의 핵심을 정확하게 전달함으로써 회중들도 행복하게 만들어 줄 수 있다.

당신의 집을 세우는 거룩한 모델을 찾으라

당신이 한 지붕 아래 하나님과 사람이 함께 편안하게 머물 수 있는 집을 진지하게 준비할 생각이 있다면, 하나님의 말씀에서 거룩한 모델을 찾아 그대로 따르라. 알다시피 마리아와 마르다는 베다니에 있는 그들의 집에 예수님이 아주 편안하게 지내실 수 있도록 했다. 그들은 외관상 갈등관계에 있는 두 개의 우선순위를 번갈아 잡는 데 성공했기 때문이다. 마리아는 주님의 신성을 즐겁게 해 드렸고, 마르다는 주님의 인성을 즐겁게 해 드렸다.

마리아와 마르다가 베다니에 있는 그들의 집을 하나님과 사람이 환대와 경배의 분위기 속에 함께 임할 수 있는 모임 장소로 만들 수 있었던 것은 두 영역에 대한 조심스러운 조정이 있었기 때문이다. 내가 알기로 그곳은 예수님이 거주지로 머무셨던 장소로는 신약성경에 유일하게 언급된 집이다.

마리아와 마르다의 집에는 하나님을 문 안으로 모시고 들어가 오래 머무시도록 하는 '무엇인가'가 있었다. 그때나 지금이나 상황은 별로 변하지 않았다. 그때 유효했던 것은 지금도 유효하다. 우리도 여전히 하나님의 분명한 임재를 문 안으로 모시고 들어가 오래 머무시도록 하는 균형감을 찾으려고 애쓰고 있다. 내가 보기에, 하나님의 방문을 거주로 바꾼 베다니의 모델이야말로 당신 지역에 있는 사람들로 하여금 당신의 집에 계신 하나님과 만나도록 해 주는 유일한 방법이다.

베다니 같은 교회, 베다니의 마음을 가진 사람들, 사랑과 환대로 특징지어지는 베다니표 가족을 만들어 낼 수만 있다면 우리는 무엇이든지 해야 한다. 우리 각자는 하나님을 따르면서 사람을 섬기는 법을 배워야 한다. 하나님을 예배하면서 동시에 사람을 섬기는 법을 배워야 한다.

균형점은 어디인가? 사회적 활동인가, 영적 열정인가?

교회가 보통 조금 불균형한 것은 실제적인 것과 영적인 것 사이에 계속해서 분열되기 때문이다. 대부분의 교회들이 이쪽이나 저쪽으로 기울어지는 경향이 있다. 사회적으로 활동적이든가 아니면 영적으로 열정적인 것이다. 양쪽을 다 붙잡는 교회를 발견하기란 여간 어려운 일이 아니다. 그런 교회가 있다 해도 아주 이상한 환경이 형성되어 있는 것을 보게 된다. 하나님과 사람이 함께 편안할 수 있는 공간이라면, 그곳은 진정한 부흥이 시작되는 장소일 가능성이 높을 것이다.

하나님이 그곳에서 편안하시다면, 그 교회는 천상에 대해 제대로 신용을 쌓은 것이다. 교회 공동체가 사람들에 대해서 공개적이고 적극적으로 열정을 갖는다면, 그 교회는 지상에 신용을 쌓은 것이다. 하나님은 오늘날에도 양쪽 영역에 모두 신용을 쌓은 '베다니 같은 집들'을 찾고 계신다.

단지 하나님이 나타나신다고 해서 진정한 부흥이 일어나는 것은 아니다. 분명 부흥은 그분이 임하셔야만 오는 것이다. 그러나 자문해 보았는가? 왜 부흥이 일어나지 않았는가? 왜 당신이 주님을 만난 그 자리에 수천 명의 사람들이 모이지 않았는가?

예전에 단 40명의 사람들이 모인 집회에서 사역하던 중 우리는 하나님과 만나는 실제적인 체험을 하였다. 주님의 임재가 너무나 구체적이어서 우리는 그냥 거기 영원히 머물러 있고 싶었다. 그러나 문제는 우리의 체험이 거기 모여 있던 사람들 외에는 아무에게도 영향을 주지 않는다는 것이었다! 나는 하나님의 임재를 체험했던 그런 만남들을 소중하게 생각한다. 하지만 확신컨대 하나님은 그 이상을 원하신다. 나도 그 이상을 원한다. 진정한 부흥이 교회 건물 밖 세상을 휩쓸기를 소망한다.

단지 많은 사람이 집회에 모였다고 해서 진정한 부흥이 일어나는 것은 아니다. 오늘날 거대한 무리의 사람들이 각종 모임에 나타난다. 사람들은 서커스 같은 공연에 모여든다. 자동차 경주, 고양이 쇼, 불법 개싸움, 챔피언 결정전 권투 경기, 어린이 야구단 경기, 농구 경기, 고등학교 미식축구 경기, 아이스하키 경기, 각종 퍼레이드, 개관식, 프로 레슬링 경기 등을 보러 몰려든다. 이런 모임들 중 어떤 것도 부흥을 합당하게 정의해 주지 못한다. 많은 사람이 모였지만 하나님이 그곳에 계신지는 의문이다.

부흥은 한 목적으로 한 장소에 모인 대단위의 사람들로 정의된 적이 한 번도 없다. 만약 그랬다면 바벨탑 주변에 모였던 사람들의 거대한 모임이야말로 진정한 부흥 집회였을 것이다 창 11:1-9. 그러나 그렇지 않았다.

진정한 부흥은 중앙지대에서 일어난다

베다니는 하나님과 사람이 상호 간에 편안한 분위기 속에 만날 수 있는 장소, 즉 중앙지대를 보여 준다. 예수님은 언제나 중앙지대를 사랑하셨다. 그러므로 진정한 부흥이 그곳에서 일어나는 것은 전혀 우연이 아니다.

예수님은 십자가 중앙에서 운명하셨다. 천상과 지상 사이에 살아 있는 교차로가 되셨고, 인간 존재와 영원 사이의 문이 되셨다. 부흥을 주시는 주님의 분명한 임재가 굶주린 사람들로 가득한 모임을 강타할 때, 주님은 인성과 신성 사이의 교차로가 되셔서 소위 '부흥'을 만들어 내신다.

이미 언급한 대로 그리스도의 십자가는 우리 모두가 구하는 거룩한 균형을 보여 준다. 그 십자가 위에서 우리 인생의 수평선에 있는 인간을 향한 긍휼과 영원의 수직선에 있는 하나님을 향한 열정이 교차한다. 그러나 십자가는 지구상의 모든 존재의 토양 아래 깊이 뿌리박고 있다. 그렇기 때문에 진정한 부흥은 하나님과 사람이 동시에 동일 장소에 모일 때 일어난다고 믿는다.

안타깝게도 우리는 대부분 수직적 차원에서 너무 깊이 들어가는 것을 꺼리고, 수평선 차원에서 너무 멀리 가는 것을 꺼린다. 사실 우리는 보통의 경우 '전혀' 가지도 않는다.

외관이 중요하다면 교회에 있는 사람들은 주말에 하나님 쪽으로는 눈도장만 찍고 있는 것이다. 진정 거룩한 환대는 더 깊은 헌신으로 살 것이다. 그리고 모두가 두려워하는 한 단어, '일'로 갈 것이다. 진정한 마르다들은 주일학교 사역, 어린이 모임, 요양원 사역, 어머니의 날 행사에 적극적이기 마련이다. 그러나 우리 대부분은 그렇지 않다.

진짜 마르다들은 일을 하고 가짜 마르다들은 말만 한다

우리가 정말 마르다라면 가난한 자를 먹이고 입힐 것이다. 우리의 시간과 에너지를 쏟아부어서 도시 안과 전 세계에 아웃리치 프로그램들을 다양하게 조직할 것이다. 적어도 토요일에 교회 건물을 청소하거나, 다음 예배를 위한 성찬을 예비하거나,

앞으로 있을 선교여행을 위해 땅콩 과자를 만들고 있을 것이다. 그러나 우리는 대부분 진정한 마르다가 아니기 때문에 실제로 이런 일을 하는 편이 아니다. 우리 주변의 사람들도 일을 하기보다 주로 말만 할 것이다.

우리 모두에게는 마르다의 기질이 있다. 다만 진정한 의미의 노동과 헌신이 부족할 뿐이다. 우리는 그저 마르다 사역으로 보일 만큼만 일을 한다. 대부분의 경우 헌금함에 재정을 드릴 때 적당하게 하거나 최소한으로 한다. 우리는 말을 많이 하지만 삶으로 살지 않는다.

만약 우리가 진정 마르다가 아니라면 진정한 마리아라는 뜻인가? 우리는 다른 사람들이 우리보다 더 깊이 예배와 기도 가운데 몰입하고 있을 때 시계를 보는 습관이 있다. 예배 시간이 용납되는 시간을 넘어서기 시작하면 예배에 참석한 많은 사람은 예배 보는 사람들을 바라보며 '테니스 엘보우'팔을 급격히 뒤틀어서 생기는 팔꿈치 통증에 걸리기 시작한다.

실제로 우리 대부분은 잘 짜여진 예배 시간의 형식을 잘 유지함으로써 우리가 정말 영적인 사람인 것처럼 행동한다. (사실 어떤 사람들은 자신들이 가진 매우 종교적인 유일한 특징은 정시에 교회문을 빠져나가는 것임을 인정한다.)

당신의 열정을 설명하고 당신의 영혼을 드러내라

보통 우리는 주님과 교회, 그리고 배우자보다 우리의 취미,

직업, 좋아하는 운동, 레저 활동에 훨씬 더 열정적이다! 많은 사람이 마리아가 예수님의 신성 앞에 아낌없이 쏟아부은 예배와 마르다가 예수님의 인성을 온전히 집중해서 섬긴 사역을 장황하게 이야기한다. 그러나 정작 그 누구도 우리가 가장 많이 실수해서 넘어지는 잘못을 마리아와 마르다가 품고 있었다는 사실은 지적하지 않는다. 그 잘못은 바로 오만한 무관심이다.

나는 지난 수년 동안 이 책을 써야 한다는 부담감을 느껴 왔다. 하지만 성령께서 적절한 시점이 되었다고 특별히 확인해 주실 때까지 글을 시작하기가 어려웠다. 동시에 나는 교회 안에서 우리 모두 동일한 질문을 계속하는 것을 발견했다. "당신은 하나님을 향한 마리아의 열정적인 예배와 사람들을 섬기는 마르다의 사역 가운데 어떻게 균형을 찾는가?"

나에게 모든 답이 있다고 말할 수는 없지만, 비론 질문을 던진다면 사람들은 진리에 이르는 자신의 길을 찾게 될 것이다. 솔직히 나는 이 책이 베다니의 불길을 번지게 만들기를 기도하고 있다. 마리아와 마르다는 그곳에서 평화조약에 서명을 하고 말한다. "우리가 한집에서 함께 일함으로 부활의 능력이 우리 도시 가운데 임하게 될 거야."

당신의 집에는 하나님의 자리가 있는가?

우리는 하나님의 거주에 적합한 가구와 음식을 제공함으로 하나님을 '편하시게' 한다. 「다윗의 장막」토기장이이라는 책에서 나는 한 친구에 대한 이야기를 썼다. 그 친구는 명백한 유전병으로 인해 매우 비대해진 친구였다.

그는 거구와 육중한 몸무게 때문에 친구들의 집을 방문하는 것이 편안하지 않았다. 친구들 중 누구도 그의 무게를 감당할 만하게 특별히 고안된 가구를 가지지 못했기 때문이다. 몇 번 가구가 부서지고 마음이 상하는 슬픈 경험들을 한 뒤로 그 친구는 집에 들어가겠다고 동의하기 전에 문간에 서서 자신을 충분히 지탱해 줄 만한 튼튼한 가구가 있는지 먼저 둘러보는 경향이 생겼다. 그 친구는 보통 주인에게 양해를 구했지만 나에게는 솔직하게 말했다. "내가 그 집을 떠나는 이유는 그 집 안에 나를 지탱해 줄 만한 가구가 없기 때문이라네."

구약에서 '영광'으로 번역된 히브리 단어는 '카보드'kabod이다. 문자적인 의미는 '무거움 또는 무거운 광채'이다. 나는 「다윗의 장막」에서 이런 질문을 던졌다. "하나님의 '무거운 영광'이 우리를 방문했다가 들어오지 못하시는 경우가 얼마나 많은지 아는가? 얼마나 자주 하나님이 우리 모임의 뒷문에 서서 그분의 영광을 '모자와 외투' 아래 감춰 둔 채 방 안을 둘러보시며 그분의 무거움을 감당할 만한 자리를 찾고 계시는지 아는가?"

'하나님의 자리'에 대한 구약의 형상과 그림자는 언약궤 위 그룹 사이에 위치해 있는 시은좌다. 하나님의 영광은 그룹이 날개를 펼치고 있는 그 자리에 임하여서 그곳에 머문다.

다윗은 "이스라엘의 찬송 중에 거하시는 주여"라고 고백할 때 자연적인 연출 배후에 있는 영적 실재에 대해 자세히 설명한다시 22:3. 이로써 우리는 다시 예수님의 발 앞에 앉은 마리아의 자리로 돌아온다. 바로 이런 식으로 마리아는 하나님께 너무나도 편안한 '가구'를 만들어 낸 것이다. 그러므로 하나님의 아들은 지상의 그 어떤 보석이나 금으로 만든 보좌보다도 열정적인 눈물로 쌓은 그녀의 보좌를 기뻐하셨다.

당신은 어떻게 하나님께 음식을 드리는가?

우리의 찬양이 하나님의 거주하심을 위한 시은좌를 만든다면, 우리는 어떻게 하나님께 '음식을 드리는가?' 예수님은 다시 한 번 마리아의 희생을 공식적인 음식으로 삼으셔서 주님이 얼마나 사람의 중심에 있는 목마름과 필요에 끌리시는지를 보여 주셨다.

오늘날 교회의 목사들과 장로들과 집사들처럼, 제자들은 하나님을 그토록 애타게 갈급해하는 모습에 부딪치자 불안해져서 소리쳤다. "누가 이 여자 좀 말려 줘요!" 그러나 예수님은 말씀하셨다. "아니다. 이제야 제대로 할 일을 하는 사람이 나왔다. 행여 말릴 생각 말아라!" 교회는 향유 옥합을 든 마리아들이 들어설 여지를 주지 않는다. 그들은 '만인이 보는 앞에서' 자신의 영광과 자존심과 자아를 버림으로써 남은 우리를 불안하게 만들기 때문이다.[30]

주님이 야곱의 우물에서 사마리아 여인을 만나시는 장면에서 우리는 하나님이 예배자들을 찾고 계신다는 사실을 배웠다 4:23. 그러나 마리아가 주님을 섬기는 데서 드러나는 다른 차원의 예배와 갈급함이 있다. 그것이 있다면 우리의 예배하는 집은 하나님의 거주하시는 집으로 변할 것이다.

우리의 보물 옥합이 쩍 갈라지는 소리가 그분의 귀에 들린다면, 우리가 고개 숙여 영광을 버리는 몸짓이 그분께 가 닿는다면, 그분은 무슨 일을 하고 계셨든 도중에 멈추실 것이다. 하나님은 상하고 통회하는 마음을 그냥 지나치실 수 없기 때문이다시 51편. 그분은 천지를 옮기고서라도 우리를 찾아오실 것이다.

부흥이 있는 교회들이 있다. 허다한 사람들이 그렇지 못한데 유독 하나님과 친밀한 사람들이 있다. 이유를 알고 싶은가? 답은 그들이 깨어진 자들이라는 것이다. 우리의 심령이 깨어질 때 하나님의 귀와 시선이 우리에게 향한다. 그분을 향한 우리의 사랑이 다른 사람들의 시선에 대한 두려움을 능가할 때 그 일은 시작된다.[31]

왜 우리는 부흥을 전혀 보지 못하는가?

하나님과 사람이 동시에 동일한 장소에 모일 때 진정한 부흥이 온다면, 우리는 왜 수많은 교회와 사역자가 부흥을 전혀 보지 못하는지 깨달을 수 있어야 한다.

내 주변에는 영적 진리를 감지하고, 하나님의 목적을 선포하며, 하나님의 길과 자연을 깊이 이해하여 계시하는 특별한 은사를 가진 사람들이 있다. 하지만 그들은 '평범한' 사람들과 관계를 맺기가 아주 힘들다. 그 이유는 그들이 그런 노력을 전혀 기울이지 않는 사람들이기 때문이다. 내가 의도적으로 사람들을 자극하는 것보다 그들이 뜻하지 않게 사람들을 자극하는 일이 더 많을 것이다. 나는 실제로 그런 경우를 여러 번 보아 왔다.

어떤 경우 '매우 영적인' 사람들과 함께하기가 어려운 이유는 무엇인가? 문제는 그들이 인간의 영역에서 신용이 없기 때문이다. 다른 사람이 살든 죽든, 번영하든 쇠퇴하든, 별 관심을 보이지 않기 때문이다. 그들의 눈에 다른 사람들은 자신의 개인적인 여정에 신경을 분산시키는 사람들에 불과하기 때문이다.

내게 성령의 깊은 세계들에 대해서 상당한 가르침을 주었던 사람들 중 하나도 이런 부류에 속한 이기 있었디. 처음 그를 만나러 방에 들어가자 그는 돌아서서 손자에게 말했다. "이게 누구지? 내가 대화를 나눠야 하나?"

나는 이 영적 통찰력의 거장과 오후 한때를 보내기 위해서 나라의 절반을 날아왔는데, 그 말을 듣는 순간 나는 내 자신이 진리를 위해 일하는 동역자라기보다 성가신 방해꾼이 된 느낌이었다. 그럼에도 불구하고 우리는 만났고 좋은 친구가 되었다.

그는 매우 고령이었다. 물론 항상 사람들과 거리를 두는 분도 아니었다. 그는 놀라운 영적 체험들을 겪었고, 늘 위태하면서도 믿음으로 펼쳐 가는 사역들을 하며 세상을 변화시켰다. 개인적으로 그런 분에게 영감을 얻을 기회가 있었다는 것은 감사한 일이다. 그러나 그 순간에는, 그분이 나를 찾기를 기다리기보다 내가 그분을 찾아야 했다.

주님을 안다면 주님을 알려야 한다

교회는 언제나 다른 모든 것을 배제하고라도 하나님과의 친밀함을 극도로 추구하느라 씨름해 왔다. 사상적으로 금욕주의 학파는 하나님을 향한 최고의 섬김은 모든 세속의 유혹으로부터 완전히 차단될 때 이루어진다고 믿었다. 수세기 동안 수도사들은 신성과의 친밀함을 추구하기 위해 인성으로부터 자신을 격리시켜 왔다. 그들은 저명한 학문적 저술과 통찰력을 많이 남겼지만, 인성에 영향을 주는 능력에 있어서는 본질적으로 보면 남긴 것이 없었다. 당신이 주님을 안다면 주님을 알려야 한다.

소금은 음식 첨가제이자 방부제로, 닿는 모든 것에 영향을 주게 되어 있다. 예수님은 이런 말씀을 하셨다. "너희는 세상의 소금이니 소금이 만일 그 맛을 잃으면 무엇으로 짜게 하리요. 후에는 아무 쓸데없어 다만 밖에 버려져 사람에게 밟힐 뿐이니라" 마 5:13.

하나님은 당신 안에 무엇인가를 두셔서 다른 사람에게 전달하게 하시지만, 당신은 사회로부터 자신을 분리시킨다. 결국 아무도 접촉하지 않는다면 무슨 소용이 있는가? 당신은 하루 종일 하나님을 예배할 수 있지만, 만약 하나님이 당신에게 이렇게 말씀하신다면 어떻게 하겠는가?

"내가 너에게 부어 준 영광의 일부를 다른 사람에게 나눠 주고 뿌려 주는 것을 보았으면 좋겠구나. 너는 이 땅에서 나의 손과 발이란다. 그러니 사람들의 세상 속으로 나의 임재를 가지고 들어가라." 앞서 아바 실바누스가 지나치게 영적인 사제에게 했던 말을 기억하라. "마리아에게는 마르다가 필요합니다. 마리아가 칭찬받을 수 있었던 것은 실로 마르다 때문이지요."

당신이 사람들 사이에서 신용이 있는지를 알 수 있는 방법이 있다. 당신이 사람들에게 당신 집에 한 번 오라고 했을 때 상대방이 이렇게 대답한다면 당신은 신용이 있는 것이다.

"당신은 믿을 만해요. 왜냐하면 우리가 주릴 때 당신은 먹을 것을 주었고, 추웠을 때 옷을 입혔고, 궁핍할 때 영접하였고, 병들었을 때 돌아보았고, 옥에 갇혀 아무도 우리가 죽었는지 살았는지 관심이 없을 때 와서 보았거든요."마 25:31-46.

"교회가 이보다 더 우리에게 무관심할 수는 없네요"

어떤 교회들은 전혀 지역사회에 영향력이 없다. 교회가 그 지역에 사는 사람들에게 이런 인상을 강하게 남긴다면 그들은 결과적으로 이렇게 말할 것이다.

"교회가 이보다 더 우리에게 무관심할 수는 없네요. 그들이 관심을 갖는 것은 오직 하나님이죠. 하나님도 우리에게 별 관심이 없으신가 봐요. 그렇지 않다면 그분의 백성이라고 주장하는 사람들이 최소한의 관심을 보였겠죠."

이런 교회가 있다면 그 지역사회와 사람들에게 신용을 쌓지 못한 것이다. 왜냐하면 그들은 자신들의 말을 지지해 줄 만한 일을 전혀 하지 않았기 때문이다.

교회는 지역사회에 있는 사람들에게 자신들의 빵집에 와서 음식을 먹으라고 초대하고 있지만, 막상 그들에게 탐색해 볼 만한 동기를 마련해 주지도 않고, 진짜 빵을 구울 능력이 있는지 보여 주지도 않는다.

빵집 근처에서 자란 사람이 있다면 물어보라. "아침에 인근에서 나는 냄새 중에 가장 기억에 남는 것이 무엇입니까?" 분명히 대답은 이럴 것이다. "갓 구워낸 빵과 과자의 냄새가 기억나죠. 그 앞을 지날 때면 마치 매일 아침 그 빵집에 들어가는 기분이었어요. 와, 정말 아침에 먹는 갓 만든 도넛이 일품인데…."

그러나 상상해 보라. 갓 구워낸 빵 냄새가 나지 않는 빵집이 있다. 게다가 그 빵집에서 기름 탄 냄새와 고약한 냄새가 진동을 한다. 세척제의 약품 냄새와 쓰레기 썩은 냄새가 진동을 한다. 기분이 어떻겠는가?

통행이 적은 고속도로를 가는 것과 같다

하나님 사랑의 기본적인 열매를 행동으로 표현하지 않는 교회들은 마치 통행이 적은 고속도로를 가다가 보게 되는 이상한 음식점들과 같다. 그런 곳은 음식 맛이 좋다고 특별하게 광고하지만 이름도 장소도 분명한 자격도 없이 운영하는 경우가 많다.

나는 가족에게 멋진 식사를 대접해야겠다고 생각해서 한번은 아칸소 주의 토드헤드에 있는 '버바의 고급 정통 프랑스 요리집'에, 또 한번은 버지니아 주의 햄프턴에 있는 '맥그루더의 타코와 독일 소시지 전문점'에 간다.[32] (또한 나는 루이지애나 주 밖에 있는 음식점에서는 보통 어떤 '정통 케이준' 음식이라고 이름하는 것도 주문하지 않는다. 물론 루이지애나 케이준 출신의 사람이 타지방으로 추방되어 주방에서 요리하고 있다면 상황은 다르다. 심지어 그럴 때에도 루이지애나 출신으로서 생각해 볼 때 왜 진정한 케이준 사람이라면 이런 천국 같은 고향을 떠나서 타지에 가겠는가 싶다.) 이처럼 음식에서든 신앙에서든, 신용은 실제적으로 중요하다.

거의 20년 전, 친한 친구 바트와 코럴리 피어스 부부가 교회를 세우러 메릴랜드의 볼티모어로 이주했다. 바트는 주님께서 그들 부부에게 이렇게 말씀하셨다고 했다.

"아무도 돌보지 않는 사람들을 네가 돌본다면, 모든 사람이 사랑하는 사람들도 네게 보내 주겠다."

그는 마약 중독자들과 빈민들, 그리고 그 누구도 돌보기 원치 않는 가난하고 소외된 사람들을 섬기기 시작했다. 곧 기적이 일어났고, 도시 안에 있는 상황이 변하기 시작했다. 오래지 않아 건강한 사람들도 오기 시작했다.

당신이 다른 이들에게 긍휼을 베푸는 것을 사람들이 보고 나면, 그들은 당신을 신뢰할 수 있는 사람이라고 판단한다. 왜냐하면 당신의 말을 섬김으로 뒷받침함으로써, 당신이 그들의 영역에서 신용을 얻었기 때문이다.

열정이 커지면 긍휼도 커진다

나는 지난 몇 년간 교회 안에 하나님의 임재를 향한 갈망을 일으키고자 온 정성을 쏟아부었다. 하지만 고통스럽게 깨달은 것은 이것이다. 하나님을 향한 열정이 커져도 사람을 향한 긍휼이 커지지 않으면 우리는 실패한 것이다!

이러한 이유 때문에 갖고 있는 개인적인 확신이 있다. 그것은 실제적인 해법을 제시하기 전에는 낙태를 공공연히 비난할 권리가 우리에게 없다는 것이다. 우리는 십대 소녀들에게 "아니, 아기를 낙태시키면 안 되지"라고 말할 수 없다. 만약 당신이 "그래, 우리가 너를 돌봐 줄게. 집도 제공해 주고 태교도 해 주고 출산비용도 지원해 줄게. 그다음에 이 아기를 위해 따듯한 가정을 제공해 줄 만한 좋은 후보자들을 찾아보도록 하자"라고 말하지 않는 한 말이다.

도심에 있는 교회가 구석진 곳에 위치한 매춘 구역에 질렸다면, 성적 순결과 죄로부터의 회개를 위한 성경적 메시지를 실제로 뒷받침할 준비가 되어 있어야 한다. 그들이 받아들일 수 있는 강력한 제안이 있어야 한다. 쉴 곳을 제공하고 거리에서 몸 파는 생활을 벗을 수 있도록 구체적인 대안을 제시해야 한다.

교외 지역의 교회들 중 마약에 빠진 청소년들로 고민하는 교회가 있다면, 이 문제에 대해서 뭔가 긍정적인 일을 준비해야 한다. 경찰서들은 강력범죄 영역에 대해 조사하고 침투하고 제거하는 특별 기동대가 있다. 분명 교회도 동일하게 공격적으로 집중할 수 있다. 우리에게는 그리스도의 마음이 있다. 분명히 우리는 지역사회에 있는 죄의 문제들을 창의적이고 효과적으로 해결할 해법들을 찾을 수 있다.

교회가 하나님의 열정과 인간의 긍휼이 만나는 지점에 이르기 전에는, 그들은 신용 불량일 수밖에 없다. 확실한 해법을 제시하지 않고 단순히 문제만 지적해서는 아무것도 만들 수 없다. 이에 대해 나의 친구 바트는 말했다.

"확신컨대 사회가 '내버린 사람들', 즉 부랑자들과 빈민들, '아무도 원치 않는 사람들'에게 다가가는 것이 복음의 기초가 아닐까. 이것이야말로 분명 그가 진성한 그리스도의 제사인가를 식별하는 특징일 거야."

예수님은 영적인 동시에 실제적인 분이셨다

예수님은 경건한 삶을 위한 모임과 원칙들을 중요하게 여기셨던 만큼 동일하게 경건한 실천을 중요하게 여기심으로써 우리에게 모범을 보여 주셨다. 누가복음에서 두 번이나 예수님은 종교적인 날 사람들을 치료한다는 이유로 종교 지도자들에게 비난을 당하셨다. 이날은 종교적인 날이기 때문에 온전히 영적인 활동에만 집중해야 한다는 그들의 주장에 대해 주님은 말씀하셨다.

"외식하는 자들아, 너희가 각각 안식일에 자기의 소나 나귀를 외양간에서 풀어내어 이끌고 가서 물을 먹이지 아니하느냐. 그러면 열여덟 해 동안 사탄에게 매인 바 된 이 아브라함의 딸을 안식일에 이 매임에서 푸는 것이 합당하지 아니하냐"눅 13:15-16 ; 14:5 참고.

마리아와 마르다가 한 팀이라고 생각한다면, 아픈 사람을 돕는 것은 다른 어떤 것과 마찬가지로 예배의 행위가 맞다. 우리가 사람들의 육신을 위한 음식을 제공하지 않는다면, 그들의 영혼을 위한 음식을 제공할 것이라는 우리의 말을 그들이 어떻게 받아들이겠는가?

물론 사연이 있는 사람마다, 덩굴에 달린 오이를 오이지로 만들어 버릴 정도로 숨쉴 때마다 알코올을 뿜어 대는 사람마다 다 먹여야 한다고 말하는 것은 아니다. 나는 청년 시절 루이지애나 주의 드 리더에서 아버지를 도우면서 어렵게 이 교훈을 배웠다. 나는 목사이신 아버지를 내가 할 수 있는 한 최선으로 돕고 있었다.

마을에 돌아다니는 주정꾼들이 내가 쉽게 넘어온다는 것을 알게 되면서 나는 배운 바가 있다. 그들 중 하나가 교회 문을 두드릴 때마다 나는 그에게 5달러를 주었다. (나는 성경에 기록된 대로 행하고 있었다. "손님 대접하기를 잊지 말라 이로써 부지중에 천사들을 대접한 이들이 있었느니라"히 13:2.) 나는 돈이 별로 없었기 때문에 마침내 교회의 헌금 재정을 사용해서 이 일을 계속하기로 결심했다.

천사들의 숨결을 확인하다

하루는 아버지가 내게 말씀하셨다.

"아들아, 소문을 듣자 하니 교회 문을 두드리는 모든 사람에게 돈을 주고 있다면서?"

당시에 나는 매주 상당한 액수의 현찰을 나눠 주고 있었다. 나는 말했다.

"네. 아버지, 그중에 천사가 있을지도 모르잖아요."

아버지는 웃으면서 언제나처럼 농담으로 대답하셨다.

"아들아, 니도 알겠지만, 글쎄 천사한테 알코올 냄새가 날지 모르겠구나."

아버지는 내게 윙크하면서 말씀하셨다.

"물론 그럴 수도 있지. 하지만 내 생각에는 그렇지 않을 것 같구나."

나는 찾아오는 모든 노숙자를 동일한 기준에서 천사의 위치로 생각했기 때문에 그들의 숨결을 맡아 보았다. 지금 생각하면 어리석은 실수처럼 보이지만 하나님은 어쨌거나 그로 인해 내게 복을 주셨다. 그 당시 나는 그들을 향해 긍휼의 마음을 가졌기 때문이다.

사람을 긍휼히 여기는 능력을 상실하면, 하나님을 향한 열정이 아무리 많아도 세상에서 하나님께 쓰임 받는 당신의 능력은 제한된다. 왜 그런가? 한 지붕 아래서 신성과 인성을 즐겁게 하려면 마리아와 마르다가 모두 필요하기 때문이다. 하나님은 인성과의 교제와 신성과의 교제를 간절히 필요로 하신다. 우리의 삶과 교회는 열정과 긍휼이 하나님의 이름으로 만나는 지점에서 비로소 온전한 모임 장소가 된다.

인성은 눈이 먼 채로 자신이 상실한 영적 유산과 본향을 찾아다닌다. 예수님은 신성이 이 땅에서 갖는 어려움을 표현하셨다. "예수께서 이르시되 여우도 굴이 있고 공중의 새도 거처가 있으되 인자는 머리 둘 곳이 없다 하시더라"마 8:20.

사람이 쉴 수 있는 공간을 창출하는 법을 배운 교회들이 일부 있다. 또한 하나님이 쉬실 수 있는 공간을 창출하는 법을 배운 교회들도 가끔 있다. 하나님은 신성과 인성이 함께 쉴 수 있는 장소를 찾으신다. 에덴동산은 오래전에 잃어버렸다. 그러나 우리의 교회에 하나님의 동산을 복구하는 것은 우리에게 달려 있다. 하나님과 사람이 함께 걷고 이야기하는 동산을 만드는 것 말이다!

당신의 지친 육신이 쉼을 가질 수 있다

우리가 살면서 알게 되는 것이 있다. 하나님을 향한 열정과 사람을 향한 긍휼이 교차하는 지점에서 우리의 예배는 흥미로운 전환이 일어날 수 있다! 수천 명의 사람이 참석한 큰 집회에서 설교하고 있을 때였다. 집회를 주최하신 목사님이 내게 몸을 기울여 말했다.

"이 예배는 여기서 영적으로 갇힌 것처럼 느껴지는군요. 다음 단계로 갈 수 없을 것 같습니다."

그 예배에는 기름 부으심이 있었다. 그러나 사람들은 그때까지 거의 두 시간 동안 서 있었다. 그래서 나는 말했다.

"다들 앉으라고 말씀하세요."

"그러면 멈추겠다는 뜻인가요?"

그가 물었다.

"아니요, 사람들이 지쳤습니다. 사도행전 2장을 기억하시겠지만 성령께서 뜨겁고도 강하게 임하셨을 때 각 사람의 머리에 불로 임하셨죠. 좀 더 본문을 자세히 보십시오. 그들은 앉아 있었습니다."

그러자 목사님이 말했다.

"글쎄요. 성령께서 하시는 일을 방해하고 싶지 않습니다."

그 목사님이 무슨 말을 하는지 이해했지만 이렇게 말했다.

"아니요. 하나님을 방해하는 것이 아닙니다. 제가 강단에 나아가서 사람들이 자리에 앉도록 하겠습니다."

나는 사람들에게 앉아 있는 동안 그들의 영적 자세를 어떻게 유지해야 하는지 이야기해 주었다. 그 순간 우리는 하나님의 임재의 수위가 방안 가득 높아지는 것을 느꼈다. 그들의 몸은 지쳐 있었다. 하지만 여전히 주님을 찾기 원했다.

우리가 함께 모여 하나님의 임재를 구할 때 인간적인 요소를 간과할 수 없다. 사람들을 성령의 영역 안으로 깊이 인도할 수 있는 능력을 가진 지도자들이 많이 있다. 문제는 그들 중 적잖은 숫자가 뒤죽박죽이 되어서도 전진하겠다는 고집에 빠진다는 것이다. 그들은 하나님을 갈망하는 자들의 행렬 맨 앞에서 너무 앞서 가다가 사람들을 뒤처지게 만든다.

하나님도 갈망하고 쉼도 갈망한다

모든 목회자와 예배 인도자는 기억하라. 실제로 사람들은 자주 피로에 빠진다. (심지어 예수님도 쉬셔야만 했다.) 대부분의 사람들은 금요 저녁 모임에 오기 전에 직장에서 8시간 일을 하거나 집에서 15시간 일한다. 그들의 영혼은 하나님을 갈망하지만 그들의 몸은 쉼을 갈망한다. 그러므로 우리는 두 영역에서 모두 사람들의 갈망을 인식해야 한다.

예수님은 언제나 제자들의 근심을 알고 계셨다. 예수님은 지친 제자들을 위해 해변에서 손수 생선 바비큐를 준비해 주셨다 요 21:3-13. 적어도 두 번 예수님은 광야 지역으로 주님을 따라온 무리들의 인성을 인식하시고는 가르치는 사역을 멈추고 그들의 육체적인 피로와 배고픔을 돌보아 주셨다. 매번 주님은 물고기와 빵 몇 조각으로 수천 명의 사람들을 먹이는 기적을 준비하시는 동안 사람들을 앉히셨다 마 14:19; 15:35.

예수님은 하나님과 사람이 함께 앉을 수 있는 적절한 분위기를 창출하려면 신성을 향한 마리아의 열정과 인간을 향한 마르다의 긍휼이 모두 필요함을 잘 알고 계셨다.

영원한 것을 얻으려면 질리게 긴 것을 피하라

육체적으로 갈 수 없는 장소에 사람들을 끌고 갈 수는 없다. 관절염을 앓고 있는 76세의 할아버지가 에베레스트 산 정상에 오를 수는 없는 것처럼, 배를 쫄쫄 굶고 있고 실내온도가 45도까지 올라가는데 사람들을 하나님의 임재로 인도해 가는 것은 거의 불가능하다. 하지만 해를 피할 수 있는 집을 세우고, 앉을 자리를 주며, 음식을 제공한다면 상황은 순식간에 바뀔 것이다. 예수님이 그렇게 하셨다면 우리도 그렇게 할 수 있다. 좀 더 단순하게 말하자면, 내 할아버지는 이렇게 말씀하곤 하셨다.

"설교가 영원하기 위해서 질릴 정도로 길 필요는 없다."

확신컨대 하나님은 우리가 평범하면서도 동시에 초자연적이기를 원하신다. 내 생각에 마리아와 마르다의 집은 이 두 가지를 완벽하게 조화시킨 모델을 보여 준다. 그래서 그들은 예수님이 그들의 집 안에서 완벽하게 편안함을 느끼실 수 있도록 만들었다. 조화의 모습은 간단하다. 마리아가 주님의 신성을 기쁘게 해 드리는 동안 마르다는 주님의 인성을 기쁘게 해 드렸다.

배에서 꼬르륵 소리가 나는데 사람의 영혼을 먹이는 것은 어렵다. 추위에 떨고 있는 가족에게 제대로 된 옷이나 외투도 주지 않으면서 하나님의 사랑에 대해서 말하는 것은 거의 불가능하다. 교회는 상처받은 사람들로 둘러싸여 있다. 모든 결핍은 기적적인 사역을 위한 기회다.

우리가 섬기는 주님은 알기 쉽게 말씀하셨다. 주님은 온전한 자를 고치러 오신 것도 아니고, 배부른 자를 먹이러 오신 것도 아니고, 건강한 자를 치유하러 오신 것도 아니다마 9:12-13. 우리가 온전하고 배부르고 건강한 사람들만 영접하고 모으는 것을 목적으로 한다면, 우리는 그 누구보다 가장 소망하는 바로 그 방문객을 모실 수 없을 것이다.

반면에 사랑받지 못하고 거절당하는 사람들을 섬기면서 하나님을 갈망하여 산다면, 분명 우리는 우리가 있는 곳에 바로 그 방문객을 모시게 될 것이다. 주님은 사람들의 필요와 영적인 갈망에 마음이 끌리시는 것을 전혀 부끄러워하지 않는 분이시기 때문이다.

CHAPTER 11 근접 효과

'베다니' 근처에 사는 부수적인 유익들

미국이나 캐나다, 아니면 세계 어느 지점을 여행하든, 너무나 특이해서 둘러보지 않을 수 없는 표지판들이 눈에 띄는 마을이 나온다. 표지판들은 아주 이상한 지점에서 나타난다. 예를 들면 이런 식이다.

'링컨의 출생지를 보라', '대통령 아무개의 자랑스러운 고향', '제시 제임스미국의 유명한 무법자 여기에 묻히다'.

또 다른 표지판들은 역사적인 유적지로 당신을 초대한다.

'게티스버그 전투 유적지', '커스터남북전쟁과 인디언전쟁에 유명한 기병대 장교의 최후 혈전 유적지', '알라모미국인 결사대가 멕시코로부터 텍사스를 독립시키기 위해 싸운 역사적인 저항 요새의 고향', 벨기에의 '워털루 전투 유적지', 태국 칸차 나부리에 있는 '콰이 강의 다리제2차 세계대전 동안 강제 동원된 사람들이 세운 유명한 다리 유적지'.

목록은 끝이 없겠지만 목적은 언제나 동일하다. 그 마을이나 도시, 지리적인 위치에서 무엇인가 사건이 일어났거나 누군가 인물이 지나감으로써 역사를 바꾸어 놓은 흔적을 남긴 것이다. 어떤 이유로든 그 사건, 인물, 장소가 미래의 기억에 연결된 것이다.

내 친구 중 한 사람은 이런 말을 했다. 자신의 대학 시절에 일주일에 적어도 두 번 이상 찾아가 식사하는 작은 길거리 음식점이 있었는데, 계산대 뒤 벽 쪽에 만화책이 잔뜩 쌓여 있었다고 한다. 그 음식점이 유명해진 것은, 신문에 기고하던 한 유명한 만화가가 수십 년 전에 근처 대학에 다니는 자녀를 기다리는 동안 그 가게에서 주문을 하면서부터라는 것이다.

그 만화가는 주인에게 자신의 상징적인 그림을 그려 주고 그 밑에 이렇게 썼다. "콜롬비아에 올 때면 조의 가게에 들릅니다." 가게 주인은 오래지 않아 그 그림을 복사해서 전면 벽에 붙이고 지역의 전설로 간직한 것이다.

만약 마리아와 마르다가 당신 집 옆에 살았고, 예수님이 베다니의 자매들을 방문하실 때마다 당신 집을 지나 걸어가셨다면 당신의 인생이 어떻게 변했을지 잠시 생각해 보라. 하나님의 아들이 두 자매와 함께 사는 형제를 방문하기 즐겨하셨다는 단순한 이유 때문에 베다니라는 마을이 누렸을 부수적인 유익들은 무엇이었겠는가?

성경에 이런 구절이 있음을 생각해 보라. "예수께서 행하신 일이 이외에도 많으니 만일 낱낱이 기록된다면 이 세상이라도 이 기록된 책을 두기에 부족할 줄 아노라"요 21:25.

이중적인 성품을 지니신 우리 주님께서 마리아와 마르다의 집에 머무는 것을 편하게 생각하셨다는 단순한 이유 때문에, 베다니 인근에서는 (기록되지는 않았을지라도) 얼마나 많은 기적이 행해졌겠는가? 신성이신 그분이 마리아와 마르다의 집에 걸어 오실 때마다 (분명히 자주 있는 일이었을 것이다) 인성을 향한 주님의 긍휼이 언제나 주님과 함께 있었다.

주님은 아픈 아이가 곁을 지나가면, 다가가 고치고 위로해 주지 않고는 배기지 못하시는 분임을 아는가? 긍휼이 많으신 인자께서 옆집에 사는 눈먼 할머니 곁을 지나다가, 멈춰 서서 눈을 고쳐 주고 하나님의 사랑을 나타내신 일이 얼마나 많았겠는가?

하나님을 향한 당신의 그림자는 얼마나 큰가?

랍비 전통에서는 한 사람의 기름 부음이나 영향력은 그의 그림자가 미치는 만큼 간다고 가르친다고 한다. 말하자면 당신의 지위가 올라갈수록 (우리의 관점으로 말하자면 당신이 하나님의 아들과 가까워질수록) 당신의 영향력은 커지는 것이다. 어떤 사람의 그림자가 안식처를 제공하고, 보호해 주고, 영향력을 발휘하고, 다른 사람의 삶을 감동케 하는 권위와 연결되어 있음을 언급하는 성경 본문은 곳곳에서 찾아볼 수 있다 아 2:3 ; 애 4:20 ; 사 32:2 ; 51:16 ; 시 63:7.

그 누구도 예수님보다 긴 '그림자'를 가진 사람은 없다. 주님이 십자가에 못 박혀 갈보리 언덕 높은 곳에 달렸을 때, 창조 이전부터 시간의 끝을 넘어서까지 모든 것을 덮는 그림자를 드리우셨다. 그것은 곧 영향력의 긴 그림자다.

아침에 일어났는데 예수님이 베다니 마을로 들어오셔서 마리아와 마르다가 거주하는 집에 들어가시는 것을 본다고 상상해 보라. 하나님의 아들이 마을에 들어오실 때 그 자리에 어떤 종류의 힘이 휩쓸고 지나가겠는가? 상상해 보건대 베다니에는 아픈 사람이 남아 있지 않았을 것이다! 마리아와 마르다의 집은 그 지역에서 가장 유명하고 잘 알려진 명소 중 하나가 되었음에 틀림없다. 우리는 적어도 주님의 방문 때문에 지붕이 온전히 남아 있을 수 없었던 한 집을 안다 막 2:4.[33] (절박한 사람들은 본론에 접근하기 위해 남의 집 지붕 뜯는 것쯤은 대수롭지 않게 생각한다.)

누군가 하나님과 사람에게 너무나 편안한 환경을 만들어 내어 분명한 하나님의 임재가 사람들의 무리 가운데 쉼과 만남을 주기 위해 들어오신다면, 그 마을이나 동네나 도시에는 어떤 부수적인 유익들이 있겠는가? 하나님은 우리를 자유케 하시기 위해 로봇을 보내지 않으셨다. 하나님은 자기 독생자를 보내셨다. 하나님의 독생자는 사람들을 향한 긍휼이 많으신 분이다 요 3:16; 히 4:15.

당신 집 지붕 아래에서는 무슨 일이 일어나고 있는가?

당신 집이나 교회에 그런 환경이 만들어졌을 때 당신의 교회나 지역에 일어날 부수적인 유익들을 생각해 보라. 만약 당신 집 지붕 아래에서 마리아와 마르다가 하나님을 갈망하고 사람을 섬기기 위해 함께 일하는 것을 하나님이 보신다면 얼마나 많은 기적들이 당신 지역에 일어나겠는가?

베다니가 복을 받은 것은, 예수님의 신성과 인성이 섬김을 받는 안식의 장소가 그곳에 있었기 때문이다. 당신의 교회나 가정이 성령님을 모실 수 있는 환경을 만들어 낸다면 어떤 일이 일어날까? 주님이 편안하게 느끼시면서 동시에 사람들도 편안하게 느끼게 만드는 법을 익힌다면, 하나님의 분명한 임재는 그곳에 머무실 것이다. 그렇다면 그것은 당신의 도시와 지역에 어떤 부수적인 유익들을 제공할까?

물론 하나님은 예수님이 지상에서 사역을 하실 때처럼 우리 모임에 쑥 '걸어오시지는' 않는다. 그러나 '주님의 그림자'가 갖는 근접 효과는 여전히 유효하다. 하나님의 분명한 임재가 어느 장소에 일정 시간 동안 들어오면, 하나님의 능력이 건물이나 부지의 경계선을 넘어서서 확장되며, 인근에 있는 모든 것과 모든 사람에게 영향을 미친다.

성경에서 나오는 근접 효과의 두 가지 본보기를 들어보겠다. 한 본문은 모든 능력의 근원 되시는 하나님으로부터 곧장 발산되는 능력을 다루고 있으며, 다른 본문은 우리가 주님께 가까이 다가갈 때 평범한 사람들을 통해서 하나님의 능력이 흘러가는 방식을 다루고 있다.

나는 「하나님 당신을 갈망합니다」에서 육신으로 오신 하나님의 아들 예수님께서 귀신의 권세에 완전히 넘어간 지역의 땅을 밟으실 때 어떤 일이 일어나는지 설명한 적이 있다.

예수님의 발바닥이 거라사의 모래 해변에 닿자 그곳에 있던 5천 마리 귀신 들린 사람이 갑자기, 난생처음, 귀신들의 숨 막히는 손아귀에서 벗어났다. 어떻게 알 수 있는가? 마가는 귀신 들린 사람이 예수님을 보고 달려와 경배했다고 말한다. 정확히 그 순간까지 귀신들은 사사건건 그에게 어디로 가서 무엇을 할지 지시했었다. 그는 자신의 행동을 제어할 수 없었다. 귀신들이 제 몸을 해하도록 시켜도 별 수 없었다.

… 하나님의 임재가 우리 삶 속에 나타나는 참 목적은 전도다. 우리가 가정과 직장에 하나님 영광의 잔영을 품고 갈 수 있다면, 남은 임재의 희미한 불빛이나마 미지근한 교회들에 가지고 갈 수 있다면, 굳이 사람들한테 회개하며 주님께 나오라고 애원할 필요가 없다. 하나님의 영광이 그들의 굴레를 깨뜨리면 그들은 제단으로 달려오게 되어 있다. (다른 방법으로는 올 수 없다!)

두 번째 본보기는 넘치는 풍족함을 가지신 하나님께서 '전혀 풍족하지 않은' 전형적인 한 사람을 통해서 그분의 임재를 분명히 나타내실 때 어떤 일이 일어나는가를 보여 준다. 이 경우에 하나님은 소외된 지역의 거칠고, 배운 바 없고, 거침 없이 말하는 어부 한 사람을 사용하셔서 이스라엘의 최대 도시에 그분의 거룩한 영광을 드러내셨다. 예루살렘에 부흥이 일어난 것은 성령께서 지상에 머물기 위해 임하시고, 그 근접 효과가 베드로의 인생에 놀라운 변화를 일으키신 바로 그날이었다.

"심지어 병든 사람을 메고 거리에 나가 침대와 요 위에 누이고 베드로가 지날 때에 혹 그의 그림자라도 누구에게 덮일까 바라고 예루살렘 부근의 수많은 사람들도 모여 병든 사람과 더러운 귀신에게 괴로움 받는 사람을 데리고 와서 다 나음을 얻으니라"행 5:15-16.

불타는 심장과 연기 나는 머리카락으로 사람들 앞에 서다

세상의 빛으로 오신 그분께 가까이 갈수록 당신이 세상에 드리우는 영적 영향력의 그림자는 더욱 커지게 된다. 베드로는 분명한 하나님의 임재를 체험한 뒤에 다락방에서 걸어나와 불타는 심장과 연기 나는 머리카락 그대로 사람들 앞에 섰다. 만약 그가 묘지 사이로 걸어 다녔다면 어떠했을까 상상해 본다.

하나님을 예배하다가 하나님의 임재가 모임 가운데 갑자기 임하는 것을 느껴 본 적이 있는가? 하나님이 그 모임에 임하시기 위해서 '지나치셔야' 했던 모든 사람과 장소를 생각해 보라. 분명히 확신하건대 하나님이 베다니든 펜사콜라, 토론토, 휴스턴, 볼티모어, 캔자스시티, 파사데나, 런던, 부에노스아이레스에 있는 집 하나에 복 주실 때는 주님의 행진하심으로 인해 더불어 복을 받는 수많은 사람이 필연적으로 발생하는 법이다.

당신이 주님의 임재를 체험할 때 당신 주변의 세상에 영향을 미치게 됨을 보고 놀라지 말라. 뉴에이지 추종자들은 그것을 영기靈氣라고 부른다. 그러나 우리는 성경과 지난 천 년간 수많은 성도의 경험으로부터 그것이 순전히 우리 안에 거하시는 하나님의 임재라는 것을 안다. 그것은 우리와는 전혀 관계가 없고, 오직 하나님과 깊은 관계가 있다.

당신이 인생을 변화시키는 하나님의 임재를 한 번 체험하고 나면, 당신의 인생에 하나님이 주신 예치금을 어떻게 다룰 것인지 개인적으로 책임이 생긴다. 달란트 비유의 모든 무게감이 그리스도의 제자로서 당신이 매일 내리는 모든 결정과 행동 위에 임한다 마 25:13-30.

하나님의 자녀가 계속해서 순종하는가 불순종하는가에 따라 부흥과 거룩한 방문이 진정한 거주로 확장될 것인지 갑자기 끊어질 것인지 결정될 때가 많다. 마르다가 하나님의 이름으로 사람을 기쁘게 섬기면서 마리아가 주님을 섬길 수 있도록 격려할 때, 하나님은 그 집에 마음이 끌리신다. 둘이 서로에게 감사하고 서로의 차이점을 인정하여 주님이 거하실 영속적인 장소를 만드는 날, 비로소 하나님의 방문은 하나님의 거주가 된다.

당신의 영향력을 제한했는가?

이미 이 문제는 다룬 적이 있지만, 그 위험성을 이해하는 것은 너무나 중요하다. 하나님이 "마리아야, 이번 시절에는 마르다와 함께해라" 하고 말씀하시거나 "마르다야, 행주는 내려놓고 마리아와 함께 내 발 앞에 앉아라" 하고 말씀하실 때 그 선을 넘어서지 못하면 당신은 말 그대로 이 땅에서 당신의 영향력을 제한할 수 있다. 베다니가 주님의 임재로부터 유익을 얻는 유일한 길은 마리아와 마르다가 함께 일하며 거주의 장소를 준비하는 것이다.

당신의 가정, 교회, 지역에서 주님이 거주하실 가능성에 대한 비전을 잡으라. 하나님이 주신 예치금을 다른 누군가에게 투자해, 두 사람이 하나님을 갈망하며 사람을 섬기며 함께 일한다면 어떤 일들이 일어날지 상상해 보라. 방안 가득한 사람들이 살아 계신 하나님을 대면하는 체험을 하고 열정적으로 주님을 섬기기 시작할 때 어떤 일이 일어나겠는가? 당신의 초지연적인 궁휼이 곁에 있는 사람들에게로 얼마나 멀리 확장되겠는가?

하나님의 영광의 덮개가 당신의 아파트, 예배당, 강당의 경계선을 넘어 반경 5마일 안에 있는 가정들, 아파트 건물, 학교, 사업체, 술집, 그리고 나이트클럽으로 확장되는 비전을 그려 보라! 이것이 바로 하나님께서 일으키기 명하시는 부흥이다.

연합하여 '한자리에 모여' 예배함에 놀라운 능력이 있다. 왜냐하면 그 자리에서 당신이 하나님과의 만남에서 받은 예치금을 하나님을 체험한 다른 갈급한 사람들의 예치금과 함께 공동 자금으로 모을 수 있기 때문이다. 하나님은 그분의 은혜 가운데 우리가 '결정적인 다수'에 이르도록 만드신다. 결정적인 다수가 된다는 것은, 우리가 함께 모임으로 그분의 임재 가운데서 시작되는 기름 부으심이 도시 전체를 성령의 영향력 아래 잠기게 하는 것이다.

마리아와 마르다가 하나님과 사람이 함께 거주하는 장소를 만들기 위해 어울려 일할 때, 하나님의 임재의 덮개는 모든 인간이 만든 경계선과 귀신이 충동질한 경계선 너머로 확장된다. 하나님의 영광의 물결이 넘치기 시작하면 그 어떤 것도 가로막을 수 없다.

임재 전도를 위한 거룩한 방식

하나님의 분명한 임재는 모든 것을 변화시킨다. 예수님이 이렇게 말씀하신 구절을 읽은 적이 있다. "내가 땅에서 들리면 모든 사람을 내게로 이끌겠노라 하시니"요 12:32. 예수님은 자신이 어떻게 죽을 것인지 예언하고 계셨다. 하지만 내가 믿기로 이 부분은 주님이 '임재 전도'라고 부를 수 있는 거룩한 방식을 말씀하신 것이다. 귀신 들린 사람과의 사건은 이것을 보여 주는 가장 완벽한 본보기라 할 수 있다. 하지만 이와 같은 예는 오늘날에도 무수히 많다.

덩컨 캠벨Duncan Campbell의 사역이 스코틀랜드 해안 근처에 있는 헤브리디스 제도를 휩쓸었던 부흥 기간에 하나님의 임재는 한 기도 모임으로부터 밖으로 폭발하기 시작했다. 당시의 증인들이 말하기로는, 사람들이 들판에 있는 덤불 뒤에서 회개하고 자기 집 문 앞에서 무릎을 꿇고 죄를 자백하는 일들이 일어났다고 한다. 말씀 한마디 선포하지 않았음에도 불구하고.

지역 경찰관들은 캠벨에게 새벽 4시에 역 앞에 와 달라고 요청했다. 너무나 많은 사람이 잘못을 고백하려 모였기 때문이다. 회개는 그들이 할 수 있는 유일한 것이었다. 「하나님 당신을 갈망합니다」에서 기록한 대로 "전도자는 이른 새벽 경찰서 계단에 서서 예수 그리스도를 통한 회개와 구원의 복음을 간략히 전했을 뿐이다. 그러자 참부흥이 그곳에 임했다."

하나님이 어떤 사람이나 장소에 거주지를 정하시면 모든 것이 주님을 중심으로 재배치된다. 하나님이 온 우주의 에너지의 중심이시기 때문이다. 예수님이 자신을 낮추사 아버지 보좌 우편을 버리시고 베들레헴에 처녀의 몸을 통해 탄생하심으로 우리의 세상에 침투해 들어오셨을 때, 온 우주는 천상에서의 새로운 탄생의 울음소리를 고대하고 있었다. 주님이 가다라에 있는 사탄의 놀이터에 발을 디디셨을 때 하늘과 땅이 기뻐한 것은 주님께서 평생에 걸친 원수의 작품을 말씀 한마디로 무너뜨리셨기 때문이다.

당신은 지역사회에 무엇을 풀어 놓았는가?

당신이 성령의 거주하실 집을 세우기 위해 하나님을 갈망하는 지체들과 동역할 때, 당신의 지역사회에 풀어 놓을 천상의 영향력을 상상할 수 있겠는가? 하나님 외에 그 누가 얼마나 많은 사람이 변할지 말할 수 있겠는가? 하나님을 갈망하는 헌신적인 무리가 오늘 하나님께 "예"라고 대답함으로써 내일 또 얼마나 많은 사람이 불시의 고통스러운 죽음에서 고침을 받고 구원을 받을지 알겠는가? 지상의 개발업자들이 사람을 위해 새로운 토지분양을 할 수 있다면, 왜 천상의 개발업자들이 하나님이 임재하실 새로운 장소를 만들지 못하겠는가?

당신의 교회 안에 있는 마리아들과 마르다들이 하나님을 갈망하고 사람을 섬기면서 조화롭게 동역하기로 동의한다면 얼마나 많은 사람이 하나님의 감동을 받겠는가? 한 사람이나 한 무리의 사람들이 하나님의 임재에 집중하기 시작하면, 그것이 아무리 작은 것일지라도 이 땅의 영역에서는 주목할 만한 결과들이 나타나게 된다.

- 모세는 하나님의 영광의 빛 가운데 서 있었고 그의 얼굴은 여러 날 동안 빛났다 출 34:29-35.
- 하나님은 발람의 나귀를 자극하여 그 말 없는 짐승이 줏대 없는 선지자에게 입을 열어 말하게 하심으로 그의 생명을 건지셨고, 이스라엘을 저주로부터 건져내셨다 민 22:27-33.
- 엘리야 선지자는 하늘로부터 불을 내렸고 그 불은 땅의 물까지 핥아 버렸다. 그와 함께 피의 제사와 물에 젖은 나무와 제단 돌들까지 태웠다 왕상 18:1-39.

- 하나님의 기름 부으심의 갑절을 얻었던 엘리사 선지자는 나무를 꺾어 물에 넣었더니 물리의 법칙을 어기고 도끼머리가 물 위에 떠올랐다 왕하 6:1-7.

- 엘리사의 뼈는 살았을 적 하나님의 임재에 너무나 강하게 불타 있었기 때문에 여전히 신성의 잔여물이 남아 있어서 죽은 사람의 시체를 우연히 그 뼈 위에 던지자 회생하여 일어섰다 왕하 13:21.

- 예수님의 말씀 한마디에 어부 베드로는 물 위를 걷는 베드로가 되었다. 오늘날에도 우리는 그 이야기를 하고 있다 마 14:28-29.

- 10일간 기도한 뒤 배신자 베드로는 영혼을 건지는 베드로가 되었고, 하나님의 능력이 그 안에 너무나 강해서 사람들이 그의 그림자만 드리워도 나음을 얻을 정도였다 행 2:38-41; 5:15.

- 단 30초간 하나님의 분명한 임재의 영광에 노출되었을 뿐인데도 예전에 바리새인이었고 그리스도인들을 박해하던 자가 배가 난파되고, 39번의 태장을 다섯 번이나 맞고, 돌에 맞아죽은 줄 알고 버려졌는데도 당당히 복음을 전하는 사람이 되었다 행 9:1-22; 고후 11:23-27.

- 음식 나르는 집사였던 빌립은 하나님의 임재가 충만하여서 전도자 빌립이 되었고, 공중으로 그다음 모임장소에 가는 첫 번째 여행자가 되었다 행 8:38-40.

당신이 하나님의 분명한 영광의 살아 있는 거주지가 되겠다고 기꺼이 대가를 치른다면 어떤 일이 일어나며 누가 변화되겠는가? 당신의 교회가 두 가지 덮개를 인정하고 하나님과 사람이 함께 앉을 수 있는 거주지를 세우는 마리아와 마르다의 부르심을 받아들인다면 어떤 일들이 가능해지겠는가?

CHAPTER 12 **베다니를 세우라!**

열정과 긍휼의 교차지점

베다니는 인자이시며 동시에 성자이신 예수님이 편안함을 느끼셨던 유일한 장소였던 것 같다. 그렇다면 왜 베다니인가? 왜 그분이 유년 시절을 보낸 나사렛은 아닌가? 나사렛에는 무엇인가 예수님의 신성을 불편하게 만드는 것이 있었다. 그래서 성경은 주님이 그곳에서 많은 능력을 행하실 수 없었다고 말한다 마 13:54-57 ; 눅 4:16-30.

어떤 면에서 보면, 하나님은 나사렛보다 니느웨를 더 편안하게 여기셨을 것이다. 적어도 니느웨 사람들은 회개하고 요나 선지자의 말을 믿었기 때문이다. 어떻게 이럴 수 있는가?

하나님이 편안함을 느끼시는 척도는 장소의 지형이나 지리에 근거한 것이 아니다. 그것은 교회의 첨탑이나, 성경의 주제를 펼쳐 놓은 웅장하고 예술적인 스테인드글라스나, 호화로운 카펫이나, 화려한 장식과도 상관이 없다.

어떤 사람들은 전통적인 것을 숭배하며 말한다. "아, 이제야 우리가 기본으로 돌아왔구나." 다른 사람들은 고급스러운 것을 숭배하며 말한다. "아, 하나님을 위해 가능한 한 아름답게 만들고 싶다."

하나님은 이런 것들에 대해서 전혀 신경을 쓰지 않으신다. 하나님은 마리아와 마르다가 집에 있는 한 행복해하신다. 집이 넓고 예술적인 가구들이 들어서 있든, 아니면 집이 비좁고 디자인이나 실내장식이 조악하든 상관이 없다.

니느웨는 이방인의 땅에 있는 우상숭배의 도시였다. 하지만 하나님은 선지자를 보내서 니느웨에도 은혜를 베풀고자 하셨다. (그렇다고 해서 하나님이 하늘을 떠나 그 도시를 집으로 삼으신 것은 아니었다.)

대조적으로 나사렛은 미국의 바이블 벨트미국 남부의 기독교 신앙이 두터운 지역와 상응한다. 분명 인종적 편견은 나사렛에서 심각했지만, 오늘날 우리의 세상에도 그런 지역들이 있다. 주님의 고향 사람들은 미쳐 날뛰며 예수를 죽이려고 했다. 하나님이 그분을 거부한 이스라엘 사람들을 버리시고, 반면 그분을 영접한 이방인들에게 기적을 베푸셨다는 말씀을 하셨기 때문이다눅 4:24-30.

이방 도시 니느웨는 회개하고 하나님의 (거주는 아니지만) 방문을 경험했다. 그러나 인자의 고향은 구원의 주를 거절하고 배척함으로 스스로 저주를 쌓았다.

하나님의 거주하심은 그 도시의 제한 표시나 화폐 단위와 상관이 없다. 하나님의 거주하심은 인간의 환대와 관련이 있다. 마리아와 마르다의 환대는 작은 베다니가 베들레헴이나 나사렛, 예루살렘보다 빛나게 만들었다. (그곳은 예수님의 동정녀 탄생의 장소였고, 죄 없이 성장하신 장소였으며, 십자가에서 기꺼이 죽으신 장소였다.) 분명히 견줄 만한 장소가 하나 있다면 그곳은 가버나움일 것이다. 그 도시의 이름은 '위로와 위안의 마을'이라는 뜻이다.

예수님은 고향 나사렛에서 배척을 당하신 후에 잠시 가버나움에 있는 베드로의 집에 머무셨다. 베드로의 장모도 예수님의 신성과 인성을 어떻게 맞이해야 하는지 알고 있었던 것 같다눅 4:31-39. 하지만 안타깝게도 가버나움은 고라신 및 벳세다와 더불어 예수님의 많은 기적을 무시하고 그분을 배척함으로 나사렛과 예루살렘의 전철을 밟았다. (그러는 과정에서 스스로에게 저주를 쌓고 말았다마 11:21-24.)

주님을 환대한 두 자매는 자신들의 차이점을 극복했다

예수님이 하나님을 갈망하며 사람을 섬길 줄 아는 누군가를 발견하신 것은 오직 베다니에서였다. 주님을 환대한 두 자매는 자신들의 관점의 차이를 극복했고, 주님에 대한 같은 마음을 품고 아무도 할 수 없는 상황에서 신성을 기쁘시게 하는 일을 하였다. 예를 들어, 사람을 섬기고 하나님께 기름을 붓는 그들의 능력은 그들의 집에서처럼 건너편 나병환자 시몬의 집에서도 동일하게 발휘되었다눅 10:38-42; 마 26:6-13; 막 14:3-9; 요 12:1-8.

교회가 정말 하나님의 일을 하기 원한다면 영적으로 양손잡이가 되어야 한다. 그래야만 예수 그리스도께서 천상에서 하시는 중보자 및 제사장의 역할을 따라 할 수 있다. 마르다의 왼손으로는 사람들을 향한 거룩한 긍휼의 손을 내밀고, 마리아의 오른손으로는 정적인 사랑의 손을 내미는 것이다.

이렇게 하려면 인간 영역에서 신용과 긍휼이 있어야 한다. 그래야만 "그분을 만나러 오십시오"라고 말할 수 있고, 그럴 때 지역사회에 있는 사람들이 그 말대로 올 것이기 때문이다. 우리는 영적 영역에서도 긍휼이 있어야 한다. 그래야만 "주님, 오셔서 이들을 만나 주십시오"라고 기도할 수 있고, 그럴 때 주님은 기쁘게 우리 찬양의 보좌에 그분의 자리를 펼치실 것이기 때문이다. 그동안 사람들은 우리의 환대를 받고 주님의 발 앞에 모여들 것이다.

우리의 목적은 영적인 베다니에 이 둘을 함께 모으는 것이다. 그곳은 마리아와 마르다가 하나님과 사람을 함께 섬긴 곳이다. 마리아와 마르다가 어울릴 수 있는 환경을 만들 수 있다면, 당신은 예수님을 모셔서 그분이 죽은 형제들을 일으키시는 역사를 볼 준비가 되어 있는 것이다.

하나님과 사람이 함께 만날 집은 어디에 있는가?

나라 곳곳의 교회들을 볼 때 하나님만이 나타나실 교회들이 드문드문 있다. 하지만 그곳에서도 주님은 더 많은 영적 자녀를 찾아 금세 떠나신다. 사람을 섬기는 능력에 출중한 교회들이 훨씬 더 많다. 그곳에는 사람들만 나타난다. 왜냐하면 그들의 예식이나 중심에는 하나님을 위한 준비가 없기 때문이다.

하나님과 사람이 동시에 동일 장소에 나타날 수 있는 집은 어디에 있는가? 경배의 향연과 신실한 섬김이 끊임없이 강력하게 드려져서 하나님의 마음과 사람의 마음을 동시에 사로잡았던 그런 베다니는 어디에 있는가? 교회 안에 있는 마르다들과 마리아들이 평화 가운데 지낼 수만 있다면, 하나님의 방문은 거주로 변할 것이고 세상은 변하지 않을 수 없을 것이다.

하나님은 우리가 정보를 교환하는 데서, 은혜를 교환하는 데로 이동하기 원하신다. 하지만 그것은 학생들이 필기노트를 교환하듯, 설교문을 교환한다고 되는 것이 아니다. 은혜의 교환이 일어나려면 적어도 아버지 하나님과 심장박동을 나누어야 한다. 우리는 바로 우리의 심장으로부터만 베다니들을 세워 갈 수 있다. 다른 방법으로 하면 불균형과 영적 불모지만 양산할 뿐이다.

바울의 사역은 하나님을 만나는 체험에서부터 폭발하기 시작했지, 방대한 신학적 지식으로부터 시작하지 않았다. 지식은 바울에게 도구에 불과했지만, 하나님과의 관계에서 불붙은 열정은 바울을 하나님의 손에 사로잡힌 도구가 되게 만들었다. 하나님의 말씀은 우리를 채우고 인도하신다. 하지만 바울에게 말씀 훈련을 시켰던 무미건조한 종교적 체계는 말씀의 메시아를 죽여 버렸다. 관계가 배제된 지식은 치명적이다. 하나님의 말씀을 공부하면서 알아 가라. 하지만 무엇보다 말씀의 하나님을 알아 가라.

하나님은 마리아와 마르다가 함께 있는 집을 원하신다

베다니를 건축하는 첫 단추는 마르다의 부엌과 마리아의 예배 사이의 어느 지점에서 하나님과의 만남을 구하는 것이다. 우리의 목표는 순간적이고 일시적인 방문이 아니다. 바로 하나님의 거주하심이다.

그러기 위해서는 하나님의 사람들이 열정과 긍휼의 분리선을 넘어서 십자가의 교차로에서 그분을 만나야 한다. 그곳은 바로 하나님의 임재를 향한 열정과 최고의 피조물 인간을 향한 열정이 만나는 시공간 세계 속의 유일한 지점이다.

당신과 내가 서로 다른 배경을 가지고 있을지라도 우리는 한 가지 목표를 공유하고 있다. 그것은 하나님과 사람을 위한 안전지대를 재창출하는 것이다. 성경에 나오는 에덴동산[34], 다윗의 장막[35], 그리고 마리아와 마르다의 베다니 집처럼 말이다.

예수님이 베다니의 집에 머물기로 결정하신 것은, 마리아와 마르다가 갖춘 균형을 볼 때 그들이 주님의 인성과 신성의 필요를 모두 충족시켜 드렸기 때문이다. 이런 균형은 구약에서, 즉 하나님의 분명한 임재의 모양과 그림자를 가장 탁월하게 보여주는 언약궤의 시은좌에서 이미 발견되었다. 시은좌는 궤 사단에 위치한 두 그룹의 펼쳐진 날개 사이에 자리잡고 있는 임재의 공간, 임재의 장소였다.

당신은 중간지대를 제거했는가?

하나님은 언제나 중앙으로 우리에게 다가오신다. 그곳은 "두 세 사람이 내 이름으로 모인 곳"이다마 18:20. 언약궤 위의 시은좌를 바라볼 때 당신이 만약 그룹 하나를 제거한다면 그 순간 하나님이 거주하시는 중간지대 내지 중간장소는 실종된다. 경배하고 있는 그룹 하나를 제거한다면 당신은 하나님의 임재를 위한 시은좌를 더 이상 만들어 낼 수 없다. 남은 것이라고는 과거 온전할 때 방문하셨던 사건들을 추억하는 조각뿐이다.

한동안 나는 이렇게 말했었다. "부흥에 있어서 중간지대의 규모가 방문의 규모를 결정한다." A. W. 토저도 이 사실을 알고 기록한 적이 있다. 나는 더 큰 결심을 가지고 다른 형제자매들과 중간지대의 연합 속에서 하나님의 임재를 갈망하게 되었다. 왜냐하면 나는 일시적인 방문보다 주님의 거주하심을 사모하기 때문이다.[36]

부흥에 심각한 장애를 일으키는 인간의 성품 중 하나는 하나님의 것을 마치 우리 것인 양 조정하려는 경향이다. 이런 이유 때문에도 하나님은 중간지대에서 그분의 임재를 나타내신다.

하나님은 당신에게 오시는 것도 아니고 내게 오시는 것도 아니다. 하나님은 우리 가운데 오신다. 그러므로 우리 모두가 그분을 만질 수는 있어도 그분을 사로잡지는 못하게 하신다. 하나님은 언제나 중간지대를 찾으신다.

예수님이 마리아와 마르다의 교류와 적절한 긴장감을 기뻐하신 것은, 주님이 그들 사이에 현수교계곡 사이에 밧줄 등으로 엮어 만든 다리를 세우셨기 때문이다. 기억하라. 집 자체는 베다니의 축복에서 가장 중요한 요소가 아니다. 마리아와 마르다는 다른 어떤 집에서도 살 수 있다. 다만 그 집을 예수님의 신성과 인성이 머무시는 가정으로 만든 것은 두 자매가 함께 섬기는 방식이었다. 마리아와 마르다는 베다니 나병환자 시몬의 집을 평화의 집으로 재창조하였다. 그곳에서 그들은 주님께 기름을 부었기 때문이다 마 26:6-13 ; 막 14:3-9 ; 요 12:1-8.

일을 내려놓을 때와 무릎 꿇을 때를 분별하라

우리는 집안 유지하는 일과로 계획이 어긋날 때가 너무나 많다. 누군가 방문하기 때문에 집을 수리할 수는 있다. 하지만 그분이 오시는 순간을 놓치지는 말라! 부엌 일들을 내려놓을 때를 알아야 주님 존전에 무릎을 꿇을 수 있다. 어떤 교회들은 하나님의 집을 돌보는 일에 짓눌려 오랫동안 그 집의 주인 되신 하나님을 외면해 왔다.

어떻게 하면 이런 실수를 피할 수 있는가? 이미 말했듯이 마리아는 마리아대로 마르다는 마르다대로 놔두라. 두 사람 사이의 자연적인 상호작용이 환대함으로 구축하는 집안의 균형을 만들어 내고 유지할 수 있기 때문이다.

지난 세월 동안 나는 교회의 수많은 마르다 사역들을 통해 펼쳐진 창의성에 놀라지 않을 수 없었다. 어떤 교회들은 선교 헌금이나 지역빈민 구제 헌금 모금을 위해 토요일마다 모여서 땅콩 과자를 만들거나 빵을 굽는다. 어떤 교회에서는 크레페를 만들고, 다른 교회에서는 조각품을 만들기도 하며, 중고품 판매를 하기도 한다. 교회들마다 마르다 사역을 '자매 지원팀'이라 부르기도 하고 '긍휼 사역'이라 부르기도 한다. 이름이야 어찌 되었든 사람을 섬기는 긍휼의 마음은 동일한 것이다.

당신이 섬기는 지역교회에서는 어떤 전통이 대세인지 모르겠지만, 하루종일 기금 마련이나 교회 청소에 나서서 일하는 사람들 중에는 기도모임에 오라고 하면 빠지는 사람들이 분명히 있을 것이다. 예외란 늘 있기 마련이다. 그리고 바로 그들이 그 예외의 사람들이다.

보통 마르다들은 광범위한 영역을 놓고 기도하거나 드러내 놓고 '영적인' 활동을 하는 것을 싫어하는데, 그런 감정에 대해서 전혀 죄책감 같은 것을 느끼지 않는다. 다시 말해 이 마르다들은 다른 누구보다 하나님을 사랑하지만, 마리아의 기도 골방보다는 마르다의 부엌에 있을 때 편안함을 느낀다. 마르다에게 마리아의 신발을 신기거나 마리아에게 마르다의 신발을 신기려 애쓰지 말라. 그들이 서로 화평하게 지내면서 서로의 사역을 인정하는 법을 배우도록 가르치라.

다양성은 하나님의 선물이다

내가 아내를 나와 똑같은 모습으로 만들려는 것이 부질없는 일임을 알게 되자, 우리의 결혼생활은 즉시 한층 새로운 단계로 접어들게 되었다. 하나님께 얼마나 감사를 드리는지! 아내가 나와 다르다는 사실과 언제나 그럴 것이라는 사실을 깨닫게 되는 데는 그리 오랜 시간이 걸리지 않았다. 다만 처음에 힘들었던 것은 우리가 동일한 것을 '바라보고' 있지 않다는 사실과 모든 일에 동일한 방식으로 느끼지 않는다는 사실이었다. 그때 나는 우리의 다양성이 우리의 결혼 관계를 보호해 주고 강건케 하는 하나님의 선물임을 깨달았다.

마찬가지로 마르다와 마리아는 당신의 지역교회에서 (혹은 집에서) 동일한 필요를 바라보거나 사물들을 동일한 방식으로 느끼지 않는다. 누구나 보완점이 있다. 한 교회 안의 마르다들과 마리아들은 자신들의 개인적인 보완점과 약점을 똑같이 간과한다. 사실상 그들은 서로 보호해 주고 유익을 주기 위해 상대방을 필요로 한다.

그들이 서로 각자의 보완점에 대해 상대방에게 말할 수 있도록 격려해 주어야 한다. 그래야만 그들은 인생의 여정에서 문제들을 피해 갈 수 있다.

마리아와 마르다 사역이 협력하면 지역교회에 흥미로운 형태들을 만들어 낼 수 있다. 왜냐하면 그곳에서는 매주 각종 마리아 모임과 마르다 활동이 열리기 때문이다. 목회자는 토요일 낮,

마르다 진영에 이런 말을 해 줄 필요가 있다. "어젯밤 중보기도 그룹에서 여러분 모두를 위해 기도했다는 말을 하고 싶군요. 여러분이 하고 있는 일들에 그들이 얼마나 감사하고 있는지 모른답니다." 이렇게 함으로써 기도 사역을 '땅콩과자 자매들'이나 '자원봉사 형제들'과 동일하게 인정하는 것이다.

이와 마찬가지로 목회자는 토요일 밤, 마리아 진영에 이렇게 말해 줄 필요가 있다. "자, 안에 들어가서 땅콩과자 건조실에 손을 얹고 기도합시다. 형제들이 세우고 있는 야외 천막에 둘러서서 형제들의 안전을 위해 기도합시다. 그리고 다음 한 주간 그들의 땀과 노력에 복 주시도록 기도합시다. 이들은 정말 이곳에 사랑의 수고를 쏟아붓고 있습니다."

서로를 존중하도록 가르치라

마리아와 마르다에게 서로의 은사를 존중하도록 가르치라. 그러지 않으면 시간이 지날수록 긴장감과 불일치로 가득한 공허함만 깊어져 가게 될 것이다. 예수님께서 "자, 마르다야, 잠시만 진정해라. 마리아야 괜찮다. 마리아는 바로 지금 가장 좋은 것을 택한 것이다"라고 말씀하실 때 비로소 그 집에 균형이 잡혔다눅 10:41-42.

정직하게 진실을 말하자면, 금요 심야기도모임에 모든 사람이 참석하도록 할 수 있는 것은 아니다. 또 토요일 아침 땅콩과자 만드는 사역에 모든 사람이 아침 일찍 일어나 손을 걷어부치고 참여하도록 할 수 있는 것은 아니다. 그러나 공동으로 드리는 예배 시간에는 모두가 함께 모이도록 할 수 있다.

마리아도 마르다도 함께 주님의 임재 가운데 나아온다. 마르다의 부엌과 마리아의 경배 사이 어느 지점에서 당신은 예수님을 발견하게 된다. 사실 주님은 우리가 갖고 있는 예배의 개념보다 훨씬 광범위한 개념을 갖고 계신다. 주님이 보실 때는 토요일에 나와서 땅콩과자 만드는 것도 예배일 것이다. 왜냐하면 주님은 당신이 '주님께 하듯' 하는 모든 일들을 존중하시기 때문이다 엡 6:5-9.

하지만 하나님의 집을 돌보는 일이 집에 계신 하나님보다 우선순위가 되도록 하면 안 된다. 나병환자 시몬의 집 부엌에서 식사를 준비하던 마르다는, 예수님 사역 초기 자기 집 부엌에서 마리아 때문에 불평하던 그 마르다와는 전혀 다른 모습이다. 물론 그 둘은 여전히 동일한 마르다이지만, 그녀는 반대편을 경험했다. 마르다는 마리아의 위치가 얼마나 놀라운 것인지 맛보았고, 그 어느 때보다도 그것을 중요하게 생각한 것이다.

마르다와 마리아가 함께 울었다

마르다가 예수님과 나사로와 시몬의 다른 손님들을 위해 마지막 식사를 준비할 때, 그녀의 향기로운 제사와 사랑이 눈물이 되어 마리아의 눈물과 함께했다. 그러나 마르다가 드린 경배와 사랑의 눈물은 주님의 인성을 위해 그녀가 만든 빵 조각 위에 떨어졌다. 그녀의 진한 눈물이 포도열매를 씻었고, 주님께 드릴 음식에 기름을 부었다.

주님의 장사를 위해 마리아가 드린 기름 부음의 선물이 다이아몬드라면, 마르다의 이기심 없는 섬김과 긍정적인 지원은 그것을 온전하게 드러내는 금반지가 된 것이다.

마리아는 그녀가 할 수 있는 일을 했을 뿐이다. 마리아는 예수님께 말이 아니라 행동으로 존경을 표현했다. 그녀의 행동을 볼 때 그녀에게는 주님의 이름이 쏟아부은 기름과 같고, 인도의 값비싼 감송보다 훨씬 귀했던 것이다. 감사의 손길로 깨뜨린 비싼 향유 옥합에서 달콤한 향유가 흘러나와 베다니에 있는 모든 집을 가득 채웠다. 이 사건을 기록한 말씀이 지상에 있는 모든 하나님의 집들을 천성의 향기로 가득 채우고 있다. 그녀의 행위가 예수님의 죽음에 향기를 더한 것은 아니지만, 그 죽음으로부터 영원한 향기를 빌려 왔다. 그녀가 기름 부은 행위는 주님이 피 흘리신 무덤과 깊이 연결되어 있어서 교회 전체에 주님이 드린 희생의 향기를 담고 있다. 왜냐하면 주님이 드린 희생이 영원한 향기를 마리아의 선한 사역에 대여해 주고 있기 때문이다.[37]

부엌에 있는 마리아가 무릎 꿇은 마르다에게 동참하다

이제는 마르다가 '부엌에 있는 마리아'가 되었고, 마리아는 주님 앞에 '무릎 꿇은 마르다'가 되었다. 베다니의 두 자매는 무덤에서 일어난 오라비와 더불어 그 어떤 것과도 비길 수 없는 고별식을 드렸다. 음식은 시몬의 집에서 만들어진 것이지만, 꾸밈없는 편안함과 인간적인 사랑과 영적인 공급의 근원은 마리아와 마르다와 나사로 가족에게서 만들어진 것이었다.

이것이야말로 성경의 오래된 말씀이 적용된 예가 아니겠는가. "한 사람이면 패하겠거니와 두 사람이면 맞설 수 있나니 세 겹줄은 쉽게 끊어지지 아니하느니라"전 4:12. 주님은 십자가를 향해 쓸쓸히 걸어가시기 전, 마리아와 마르다와 나사로의 섬김이 얼마나 필요했는지 잘 알고 계셨다.

당신의 베다니를 세울 때, 베다니에 있는 그 본래의 집에서 배운 첫 번째 교훈을 기억하라. 하나님의 분명한 임재가 집안에 나타날 때 우선순위 목록에서 첫 번째로 기록될 자리는 어디인가? 주님의 임재가 문지방을 건너 들어와 당신의 첫사랑을 움직이실 때는 모든 것을 내려놓으라.

A. W. 토저는 말했다. "사모함은 교회 안에서 자취를 감춘 예배의 행위다." 하나님은 이런 예배의 측면이 교회에 회복되기를 원하신다. 사모함이 무엇인가? 사모함이라는 주제에 있어서 최고의 선생은 갓난아기지만, 어린아이도 좋은 선생이 될 수 있다. 내 어린 딸이 늘상 내게 말하기를 "아빠는 내 얘기를 너무나 많이 해"라고 말하는데, 나는 하나님이 내게 가르쳐 주신 사모함에 대한 교훈과 사건을 이야기하고 싶을 뿐이다.

유치원을 다니던 시절에 막내딸은 내가 집에 있을 때면 항상 밤에 자기를 안고 재워 주기를 원했다. 나는 매일 밤 꼼지락거리고 킥킥거리는 소녀를 안고 45분씩을 보냈다. 아이는 때로 내 무릎에서 씨리얼을 먹고 싶어 했다. 물론 내 옷은 엉망이 되었다. 하지만 딸이 아빠의 품이라는 천국에서 30초를 보낼 수만 있다면 그 정도는 기꺼이 참을 수 있었다. 딸이 잠들기 전 그 소중했던 시간들을 나는 기억한다.

순전한 사모함에 젖어

딸은 내 가슴에 누워 얼굴을 위로 향하고 내 눈을 똑바로 쳐다보곤 했다. 그러다 생각의 빠른 속도가 느려지고 잠이 들기 시작하면 얼굴에 작은 미소를 지었다. 그 순간 딸은 너무 졸려서 아무 말도 할 수 없었지만, 그 눈빛은 내 가슴에 사랑의 물방울을 쏟아붓고 있었다. 그 순간이 되면 나는 순전한 사모함에 젖어 있었다.

지금은 딸이 많이 컸지만, 집회 때 이 주제를 다루거나 책을 쓸 때면 여전히 동일한 일을 경험한다. 딸이 호텔 수영장에 가자고 하면 나는 함께 간다. 편집자와 다른 사람들도 그날 오후에는 다함께 수영장에 가자고 한다. 그리고 수영을 좀 하다가 나와서 사람들과 책에 대한 이야기를 잠시 나눈다. 그러면 막내딸이 부른다. "아빠, 그 사람들하고 그만 얘기하고 저랑 놀아요." 솔직히 이쪽저쪽 조금은 망설이게 되지만 마침내는 모두가 떠나고 나와 딸만 수영장에 남게 된다.

그러면 우리는 아이들처럼 논다. 내가 물속으로 헤엄을 치면 딸이 내 등에 타기도 하면서 머릿속에 그릴 수 있는 모든 놀이를 한다. 마침내 물 밖으로 나오면 딸은 내 팔에 누워서 그 잊을 수 없는 사랑의 눈빛으로 나를 바라본다. 그러면 아무 말도 할 필요가 없다. 딸의 눈빛 가득 사랑이 쏟아져 나온다. 그리고 모든 아빠가 듣고 싶어하는 그 말을 한다.

"우리 아빠가 최고야."

당신은 빨래 목록 속에서 사모함을 잃어버렸는가?

사모함은 마리아와 마르다의 참여를 모두 요청한다. 대부분의 교회 예배들은 종교적인 빨래 목록 안에서 사모함을 잃어버리는 경향이 있다. 우리는 이것저것 보여 주고 발표하고 수집하고 가르치느라 바빠서 우리의 믿음의 주요 온전케 하시는 이에게 말하는 것을 잊어버린다. "당신을 사랑해요. 당신은 최고의 아빠예요. 당신과 같은 분이 없어요."

하나님은 그 자녀들로부터 순전한 사모함을 30초만 받을 수 있다면 많은 것을 감내하는 분이다. 왜 우리는 이러한 진실을 외면하고 그분의 눈을 바라보지 않는가? 어떻게 하면 그럴 수 있겠는가?

당신의 몸의 자세보다 훨씬 더 중요한 것은 마음의 자세다. 사모함에 관한 한, 마리아의 자세를 취할 수 있도록 하라. 주님의 눈빛을 바라보기 위해 당신의 눈을 감아야 할 때도 있다. 무엇이 가장 편안한 자세이든 주님 앞에 무릎 꿇을 수 있고, 일어설 수 있고, 엎드릴 수 있다. 당신의 가슴으로부터 주님께 "사랑합니다"라고 고백할 수 있는 그것을 행하라.

마르다여, 당신은 이 순간을 위해 미리 준비해 왔다. 이제는 행주를 내려놓고 음식 준비하는 것도 멈추라. 생명의 빵이 당신의 식탁에 준비되어 있다. 마리아여, 당신은 이미 사모함의 자리에 나와 있다. 이제 마르다를 격려하여 주님 발 앞에 함께 앉으라. 그리고 겸손함과 사랑으로, 마르다의 은사에 온전히 감사함으로 하라. 마르다의 사랑의 수고가 식탁을 준비했고 당신의 은사를 주님께 드릴 기회를 만들었다.

당신 두 사람이 계속해서 주님을 따르며 사람을 섬긴다면 잔치를 그칠 이유가 없다. 당신의 가슴에 주님의 임재를 향한 열정적인 갈급함이 계속되는 한, 그리고 당신의 집에서 사람의 필요를 계속해서 채워 주는 한, 주님의 임재는 떠나지 않을 것이다. 당신이 주님의 얼굴을 바라본다면 주님은 당신을 영광에서 영광으로 인도하실 것이다고후 3:18. 주님의 방문은 거주하심으로 변할 것이다.

주님의 임재 가운데 거하라

물론 일상적인 것에도 신경을 써야만 가족도 챙길 수 있고 직장도 유지할 수 있다. 하지만 그런 일들을 할 때에도 주님의 임재 가운데 거해야 함을 명심하라. 당신의 주장이나 기독교 복음을 지속적으로 거부해 온 사람들은 당신의 영혼 안에 있는 거룩한 마음 때문에 갑자기 당혹스러워할 것이다. 그리고 베드로와 요한에게 말했던 내용을 당신에게 말할 것이다. "전에 예수와 함께 있던 줄도 알고"행 4:13. 그들이 말할 때 이렇게 놀라지 말라. "무슨 일이 일어난 것이냐? 당신에게 일어난 일을 내가 어떻게 보아야 하느냐?"

그것은 마치 마르다는 섬기고 마리아는 기름 붓는 모습과 같다. 또한 똑같은 노래를 부르지만 서로 다른 파트를 부르는 이중주 노래와 같다. 이것이 하나님을 갈망하고 사람을 섬기는 전형적인 모습이다. 마리아와 마르다가 당신의 집에서 함께 일하는 법을 배우는 날이 바로 당신의 도시에 베다니가 세워지는 날이다. 하나님의 임재가 당신의 집에 임하는 날이 바로 당신의 도시가 변하기 시작하는 날이다. 멈추거나 늦추지 말라. 계속해서 하나님을 갈망하며 사람을 섬기라. 이제 성령의 사역을 당신 가슴에 새기기 위해 다음 기도문을 읽으라.

아버지, 저의 내면에서 계속되는 줄다리기가 있습니다. 때로는 제가 예배해야 하는지 선행을 해야 하는지 모를 때가 있습니다. 제 주위에 보이는 것들에도 관심이 있고, 영적으로 느끼는 것들에도 관심이 있습니다. 하지만 제게는 이 두 가지를 분별할 지혜가 없습니다.

주님, 지역교회 안에는 배경, 은사, 능력, 필요가 절실합니다. 그렇기 때문에 당신의 거처를 세우기 위해 우리가 함께 일하려면 당신의 도움이 필요합니다. 아버지, 우리에게 열정을 주시고 우리 가슴에 주님을 향한 갈망의 불을 부어 주소서. 또한 우리 마음에 긍휼의 수위도 높여 주소서. 주님, 오늘날 교회가 기적의 영역에 들어가지 못하는 모습이 당연한 것은, 우리가 형제들을 등한시하고 있기 때문입니다. 그러니 주님께서 우리를 복 주실 수 없음을 압니다.

주님, 우리로 하여금 열정과 긍휼이 함께하는 집, 베다니를 세울 수 있게 도우소서. 주님, 당신의 길을 가르쳐 주소서. 저를 도우시고 지역교회의 모든 사람을 도우사 우리 내면에 있는, 마리아와 마르다 사이의 긴장감을 가지고 어떻게 살아야 할지 알게 하소서. 마리아의 경배하는 자리와 마르다의 섬기는 자리 어느 지점엔가 있는, 성령의 거주하시는 곳으로 우리를 인도하소서.

우리가 두 세계 사이의 다리가 되기 원한다면 양쪽을 다 잡아야 함을 압니다. 주님, 우리를 도우소서. 우리가 냉담하지 않게 하소서. 아버지, 제가 당신이나 사람에게 무감각해질 때마다 저를 용서해 주소서. 제 마음을 지키고 고요한 가운데 있고자 합니다.

주님, 우리는 지금 당신을 위한 베다니의 집을 짓고 있습니다. 우리는 주님을 열정적으로 따르고 갈망할 것입니다. 또한 우리는 긍휼의 섬김 가운데 사람들에게로 나아갈 것입니다. 오소서 성령님! 그리고 우리가 환대의 집에서 주님을 높여 드릴 때 모든 사람이 예수님께로 오게 하소서. 예수님의 이름으로 기도합니다. 아멘.

맺음말

　진리가 당신의 마음을 감동케 할 때 실천하는 것이 매우 중요하다. 하나님은 당신의 예배를 기다리시고 사람들은 당신의 섬김을 기다리고 있다.

　하나님을 갈망하라. 열정적으로 하나님을 구하라. 하나님은 당신의 예배를 원하신다.

　사람들을 섬기라. 긍휼의 마음으로 사람을 섬기라. 지역에서 실시하는 식량 배급과 보호소 사역에 자원하라. 필요가 있다면 그 필요를 채우는 사람이 되라.

　이 세상은 더 많은 마르다와 더 많은 마리아를 필요로 한다. 이것이 바로 이 책이 당신에게 던지는 공식적인 부름이다. 당신을 먼저 제단 앞으로 부르는 것이다. 이제 마르다의 손은 일할 때가 되었고 마리아의 무릎은 꿇을 때가 되었다.

주

1 바울에 의하면 그 막힌 담은 '계명의 율법'을 말하는 것이다. 이러한 계명의 율법 때문에 이방인들은 유대인들이 율법서와 선지서에서 발견하는 풍성한 영적 유산을 누릴 수 없도록 분리되었다. 그러나 율법은 죄의 치명적인 결과들과 행위로 구원을 '얻을' 수 없는 인간의 무능력을 강조하고 있다. 유대인들조차 율법의 규정들을 지키는 데 최선을 다할지라도 하나님의 은혜가 아니고는 에덴동산에서 누리던 친밀감을 회복할 수 없었다. 요지는 이와 같다. 이 두 가지 문제에 대한 하늘 아버지의 해결책은 '분리 장벽에 구멍을 뚫는 것'이었다. 독생자 예수 그리스도를 보내사 십자가 대속의 죽음과 사망에서의 부활을 통해 유대인도 이방인도 구원하신 것이다.

2 휘튼 대학의 대학원장이었던 메릴 테니는 "베다니는 동쪽으로 1마일(약 1.6km) 정도 가면, 감람산 기슭에 있었다"고 말한다.

3 복음서에는 사람들이 종종 혼동하고 있는, 적어도 세 명의 '마리아'에 대해서 언급한다. 성경은 평판이 좋지 않던 이름 없는 여인에 대해 언급하고 있다. 그녀는 값진 향유를 예수님께 붓고 눈물로 주님의 발을 씻고 머리카락으로 그 발을 닦았다. 성경에 몇 명의 마리아가 있었고 누가 언제 어디서 무엇을 했는가에 대해서는 오랫동안 신학적인 토론이 계속되고 있다.
어떤 사람들은 내 의견처럼, 베다니의 마리아가 예수님의 사역 초기에는 그분의 발에, 죽음 직전에는 그분의 머리에 기름을 부었을 것이라고 생각한다. 또 어떤 사람들은 그 두 사람이 서로 다른 마리아라고 말한다. 솔직히 마리아가 몇 명 있었다는 사실은 중요하지 않다고 생각한다. 다만 각각의 마리아 아니면 동일한 마리아가 예수님께 보여준 그 태도에 나는 더 관심이 있다. 예수님의 발 앞에 앉아 있던 마리아가 다른 복음서에서 옥합을 깨뜨려 주님의 머리에 부은 여인과 동일한지 아닌지는 중요하지 않다. 우리는 이 여인들이 신성을 가지신 주님께 드린 순전한 헌신의 마음에 초점을 맞추어야 한다.

4 북미의 지리에 익숙하지 않은 해외의 독자들을 위해 설명을 드리자면, 루이지애나는 미국 남부 멕시코 만을 끼고 위치해 있다. 이곳은 문화적으로 프랑스의 영향을 많이 받았으며 민물 낚시와 바다 낚시를 다양하게 즐길 수 있는 곳으로 알려져 있다.

5 이 사건은 고(故) 마틴 루터 킹 주니어 박사가 알라바마 버밍햄에서 주도한 평화 시위를 비롯하여 주로 흑인들의 인권 운동 참가자들에게 어떤 폭력적인 처사가 있었는가를 보여 준 사건이었다. 이 사건이 미국 전역에 뉴스로 소개되자 행렬을 멈추게 하려던시 당국자들의 노력은 좌절되고 말았다. 이후로 버밍햄은 가열되는 인권운동의 슬로건이 되었고 이로 인해 수많은 비흑인계 미국인들과 국가 지도자들도 시위자들을 옹호하는 계기가 되었다.

6 Tommy Tenny, *God's Dream: A Call to Unity* (Ventura, CA: Regal Books, a division of Gospel Light; 1999), Chapter 3, "Unity, Not Conformity," pp. 54-55.

7 위의 책 p. 57.

8 어떤 독자는 예수님의 '친구'가 된다는 말이 귀에 거슬릴 수도 있다. 하지만 지난 수세기 동안 이것은 많은 교회 조직에서 공식적인 교리였다. 우리는 다시 모든 문제의 최종 권위가 되는 성경으로 돌아가야 한다. 예수님은 사람들과의 우정에 대해서 제자들에게 구체적으로 말씀하신 적이 있다(요 15:14-16). 또한 예수님은 제자들에게 나사로 이야기를 하시면서 '우리 친구'(요 11:11)라는 표현을 쓰셨다.

9 이 내용을 베드로의 고백과 비교해 보라. 그는 그리스도의 신성을 깨달았던 사람이다(마 16:16).

10 예수님이 임박한 죽음과 삼일 만의 부활에 대해 제자들에게 여러 차례 경고

했음에도 불구하고, 예수님을 끝까지 따랐던 제자들과 대부분의 사람들이 실제 그 일이 일어나자 충격에 휩싸였다. 막달라 마리아와 다른 증인들이 제자들에게 빈 무덤과 천사들에 대해서 이야기하자 그들은 허탄한 듯이 들려 믿지 않았다(눅 24:11). 엠마오로 가던 두 제자는 예수님이 이스라엘을 로마의 압재에서 건져내지 못하고 십자가에 못 박히셨다는 사실에 너무 낙심한 나머지 주님의 부활에 대해서 의심했다(눅 24:13-24).

11 중요한 사실은, 수넴 여인이나 마르다나 '선행적인 준비'를 함으로써 결국 죽은 가족을 살려내는 하나님의 부활의 능력을 이끌어 냈다는 것이다. 선지자 엘리사와 하나님의 독생자 예수 그리스도는 '하나님의 종'이라고 부르는 점에서는 동일한 적용이 가능할 것이다. 예수님은 '나의 택한 종'이라고 불리고 있다(마 12:18).

12 무디 스튜어트는 「세 명의 마리아」에서 마르다의 가족에 대해서 언급했다. "그들의 환경은 한때 사람들에게 후한 대접을 할 만한 능력이 있는 환경이었다. 그래서 그들이 늘 베풀던 환대를 생략했을 때에도 그럴 만한 이유가 있음을 사람들은 이해했을 것이다. 마르다의 가족은 분명 사람들의 조문을 매우 고맙게 생각했다. 그들은 이웃에게 폭넓은 영향력이 있었기 때문이다. 그들은 베다니에서뿐만 아니라 예루살렘 사람들에게도 잘 알려진 존경받는 집안이었다. 그러했기 때문에 많은 유대인들이 오라비의 죽음으로 슬퍼하는 누이들을 위로하러 왔다."

13 요한복음은 이렇게 기록하고 있다. "어떤 병자가 있으니 이는 마리아와 그 자매 마르다의 마을 베다니에 사는 나사로라 이 마리아는 향유를 주께 붓고 머리털로 주의 발을 닦던 자요 병든 나사로는 그의 오라버니더라"(요 11:1-2). 그 다음 장을 가보면 요한은 마리아가 시몬의 집에서 예수님께 드렸던 두 번째이자 마지막 기름 부음에 대해 기록하고 있다(요 12:1-8 ; 마 26:3-16 ; 막 14:1-10). 학자들이 확신할 수 없는 부분은 마리아가 시몬이라는 바리새인의 집에서 처음에 예수님께 기름 부었던 '죄인인 한 여자'인가 아닌가 하는 문제이다(눅 7:36-50). 이 사건은 옥합을 깨뜨려 기름으로 예수님께 붓고 자기의 머리카락으로 그 발을 닦은 여인에 대한 유일한 별도의 본문이다. 마리아가 '죄인인 한 여자'인지 아닌지는 확인할 수 없다 해도 분명한 것은 당시 값비

싼 향유를 쉽게 구할 수 없었다는 사실이다. 적어도 마리아가 향유를 사는 데 있어 재정적인 지원의 원천은 마르다였을 가능성이 높다. 마르다가 그 집의 주인으로 나오기 때문이다.

14 무디 스튜어트는 「세 명의 마리아」에서 나병환자 시몬의 집에서 마르다가 보여준 섬김에 대해 이렇게 말한다. "나사로의 부활 이후 열린 성대한 잔치에서도 여전히 마르다는 일을 보고 있다고 성경은 말한다. 왜냐하면 그녀가 일하지 않는다면 잔치는 물거품이 될 것이고 그러면 잔치 자리에서의 그 어떤 영광스러운 사건도 없을 것이다. 그 어떤 이스라엘 여인에게도 그런 것처럼 마르다에게도 그리스도와 그 제자들의 육적인 필요를 채우기 위해 부름받고 기꺼이 섬긴다는 것은 큰 영예다. 하지만 마르다의 첫 번째 선택이 여전할지라도 이제는 동기가 순전하고 고양된 것이었다. 여전히 일하고 있지만 불편한 마음이나 어려움이 없는 것이었다. 마리아가 또다시 예수님의 발 앞에 앉아 있는데도 이제는 아무런 불평을 하지 않는 섬김이었다. 그것은 어떠한 묶임도 없이 자유함으로 드리는 섬김이었다."

15 Moody Stuar, *The Three Marys*, Carlisle (PA: The Banner of Truth Trust, 1984), p. 169.

16 한 가지 예외가 될 수 있는 것은 나사로의 부활이다. 이 경우 예수님이 마르다의 전갈을 받았을 때는 여행 거리가 있었기 때문에 나사로가 죽기 전에 당도하는 것이 불가능했을 것이다. 그러나 주님은 나사로에게 치료가 아닌 부활이 필요하다는 사실을 이미 알고 계셨다.

17 Moody Stuar, *The Three Marys*, Carlisle (PA: The Banner of Truth Trust, 1984), p. 102.

18 위의 책 p. 170.

19 위의 책 p. 187-188.

20 하나님은 시편 50편에서 말씀하셨다. "내가 가령 주려도 네게 이르지 아니할

것은 세계와 거기에 충만한 것이 내 것임이로다 내가 수소의 고기를 먹으며 염소의 피를 마시겠느냐 감사로 하나님께 제사를 드리며 지존하신 이에게 네 서원을 갚으며 환난 날에 나를 부르라 내가 너를 건지리니 네가 나를 영화롭게 하리로다"(시 50:12-15). 시편 51편에서 시편 기자는 말했다. "주께서는 제사를 기뻐하지 아니하시나니 그렇지 아니하면 내가 드렸을 것이라 주는 번제를 기뻐하지 아니하시나이다 하나님께서 구하시는 제사는 상한 심령이라 하나님이여 상하고 통회하는 마음을 주께서 멸시하지 아니하시리이다"(시 51:16-17).

21 Moody Stuar, *The Three Marys*, Carlisle (PA: The Banner of Truth Trust, 1984), p. 196.

22 물론 어떤 종류의 위험도 그들에게 없었다. 그러나 바로 그 점이 내가 말하고 싶은 부분이다. 그 의사 친구는 평소에 환자를 보며 복잡한 의료절차를 밟으면서 전혀 부담스럽게 생각하지 않는다. 하지만 일반 사람은 그렇지 않을 것이다. 물론 주님이 당신에게 면허증도 없이 약 처방을 하거나 의료절차를 밟도록 요구하지는 않으실 것이다. 그러나 분명히 주님은 믿음이 없으면 할 수 없는 위험 가운데서도 순종할 수 있도록 당신을 부르실 것이다.

23 요 18:10 ; 눅 22:49-51 ; 마 26:52. 이 본문에 대한 전체 주해는 나의 책 *God's Secret to Greatness*(「종의 마음」 토기장이)에 나와 있다.

24 사도 베드로는 교회들에 보내는 서신으로 베드로전서와 후서를 저술했다.

25 그러나 복음서가 문맥과 상황을 통해 여실히 보여 주는 것은, 시몬의 집에서 마리아가 한 행동은 전적으로 모범적인 것이었던 반면, 유다는 나중에도 그 일을 헤아릴 지혜가 없었다는 것이다. 유다는 모든 것을 비통함과 자기 증오의 여과기를 통해 보고 있었다. 유다는 기질적으로 최악의 상황을 생각하는 경향이 있었다. 특히 주님의 인정을 받는 데 경쟁자로 여겨지는 대상을 향해서는 더욱 그랬다. (Kathleen E. Corley, in *Private Women, Public Meals: Social Conflict in the Synoptic Tradition*, Peabody, MA: Hendrickson Publishers, Ind., 1993) 예수님은 마리아가 주님의 죽음을 예견하여 드린 예언적인 선물에 대

해서 오해하거나 비판적인 생각을 가지게 될 사람들 때문에 마리아의 행동을 기록으로 남기게 하셨다.

26 엡 4:11-28을 보라. 이 깊이 있는 본문을 보면 교회를 향한 하나님의 지혜가 서술되어 있다. 하나님이 교회에 사역자들을 보내실 때는 '세우는 자'로 보내시는 것이다. 숭배의 대상이나 짐 나르는 짐승으로 보내신 것이 아니다. 사역자들의 일은 '보통 신자'들이 잃어버린 세상에 나아가 초자연적인 사역을 감당할 수 있도록 세우는 것이다. 이러한 일은 각 성도가 하나님의 집을 세우기 위해 각자의 역할을 감당할 때에만 이루어질 수 있다. 사도 바울은 주저함 없이 우리를 초자연적인 세계에서 자연적이고 실제적인 세계로 인도하여 마리아와 마르다 사이의 연합이 교회에 얼마나 필수적인지를 보여 준다.

27 해당 본문에서 '여호와의 사자'는 보통 성육신하시기 이전의 그리스도로 이해된다.

28 예수님은 말씀하셨다. "또 무리에게 이르시되 아무든지 나를 따라오려거든 자기를 부인하고 날마다 제 십자가를 지고 나를 따를 것이니라"(눅 9:23).

29 인생을 변화시키는 하나님과의 만남을 통해 다윗이 '하나님이 기뻐하시는 집'을 세우게 된 내용을 알기 원한다면 나의 책 God's Favorite House(「다윗의 장막」 토기장이) 1장을 참고하라.

30 Tommy Tenny, *The God Chasers* (Shippensburg, PA: Destiny Image Publishers, Inc., 1998), pp. 132-133. (「하나님 당신을 갈망합니다」 두란노)

31 위의 책 p. 136.

32 이런 가상의 음식점은 내 상상의 산물이다. 장소는 본문에서 언급한 특정 요리 방식을 대표하는 지역과는 무관하게 단지 지리적 위치 때문에 선정된 것이다. 이런 이들을 실제로 활용하는 음식점이 존재한다면 사과한다.

33 중풍병자의 친구들은 사람들로 가득한 집에 들어가기 위해 지붕을 뜯었다. 절

박함은 하나님의 나라에서 통한다.

34 에덴동산에서 아담과 하와가 하나님이 동산을 거니시는 동안 하나님과 함께 하곤 했었다는 사실이 암시되어 있기는 하지만(창 3:8) 기록되어 있지는 않다. 주님은 분명히 그들이 주님의 음성을 듣고 동산 안에 있다는 것에 놀라지 않으셨다. 하지만 그들이 죄를 짓기 전까지는 몰랐던 두려움을 느끼고 숨고 불순종하는 행동을 할 때는 걱정하셨다.

35 나단 선지자가 다윗은 하나님을 위한 영구적인 견고한 집을 세우지 않을 것이라고 예언한 뒤 다윗이 (언약궤 앞) 주님 앞에 앉아 있었다(삼하 7:18-21 ; 25-29). 하나님은 무너진 다윗의 장막을 다시 짓겠다고 말씀하셨다(행 15:16-17). 하나님과 사람이 다윗의 장막에서 자유롭게 함께 만났다. 그러나 이후로 하나님을 위해 지어진 영구적인 건물들 안에서 이런 일은 공식적으로 한 번도 일어나지 않았다.

36 Tommy Tenny, *Answering God's Prayer* (Ventura, CA: Regal Books, a division of Gospel Light, 2000), p. 23.

37 Moody Stuar, *The Three Marys*, Carlisle (PA: The Banner of Truth Trust, 1984), p. 197.

균형의 영성

초판인쇄 • 2005년 12월 15일
8쇄발행 • 2013년 5월 30일
2판 1쇄 • 2019년 2월 25일

지은이 • 토미 테니
옮긴이 • 이상준
발행인 • 임용수
대표 • 조애신
책임편집 • 이소연
편집 • 이소정
디자인 • 임은미
마케팅 • 전필영
온라인마케팅 • 고태석
경영지원 • 김정희, 조창성

발행처 • 도서출판 토기장이
주소 • 서울시 마포구 망원로 26 토기장이 B/D 3F
출판등록 • 1990년 10월 11일 제2-18호
대표전화 • (02) 3143-0400
팩스 • (02) 3143-0646
E-mail • tletter@hanmail.net
www.facebook.com/togijangibook

ISBN 978-89-7782-412-6

값 13,000원

"우리는 진흙이요 주는 토기장이시니
우리는 다 주의 손으로 지으신 것이라"
(이사야 64:8)

「이 도서의 국립중앙도서관 출판예정도서목록(CIP)은 서지정보유통지원시스템
홈페이지(http://seoji.nl.go.kr)와 국가자료종합목록시스템(http://www.nl.go.kr/
kolisnet)에서 이용하실 수 있습니다. (CIP제어번호 : CIP2019005178)」